ZAUBER FRISCH

Profitipps für Ihren Haushalt

· INSEKTEN ·

BEKÄMPFEN

Erkennen. Vorbeugen.
Sie effektiv vertreiben

Isabelle Louet

INHALT

INSEKTEN BEKÄMPFEN ...

... AUF NATÜR- LICHEM WEG

Sie stechen, fressen Löcher in die Kleidung, befallen die Rosenstöcke auf der Terrasse und machen sich über die Lebensmittel her: Mücken, Läuse, Motten, Spinnen und Co. können echte Plagegeister sein.

Im Handel sind zahlreiche Produkte erhältlich, um sie in die Flucht zu schlagen oder zu vernichten. Diese sind sicherlich praktisch, gebrauchsfertig und effizient, beinhalten jedoch auch jede Menge Chemikalien, die unangenehm riechen und zur Verschmutzung des Planeten beitragen.

Zur Zeit unserer Urgroßeltern gab es diese Industrieprodukte noch nicht. Dennoch hatten unsere Urgroßmütter (für das Haus) und Urgroßväter (für den Garten) wirksame Rezepte, um sich der Schädlinge zu entledigen. Natron, Schmierseife, Zitrone, Essig... Sie probierten einfach alles aus, was sie in ihren Schränken fanden. Naturprodukte und Selbstgemachtes liegen heute wieder voll im Trend – genau der richtige Zeitpunkt, um

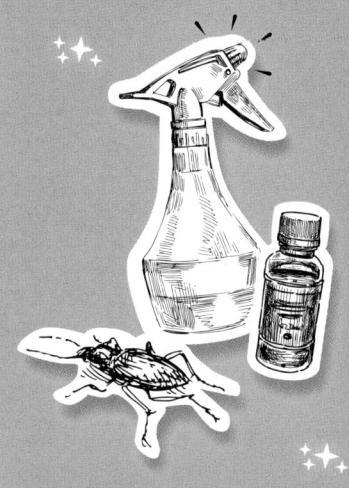

die alten Rezepte wiederzuentdecken und neu zu testen!

▶ Die richtige Anwendung

Machen Sie es wie ein Koch und passen Sie die Rezepte an Ihre Bedürfnisse an. Verändern Sie etwa die Dosierung, um die gewünschte Menge oder Konsistenz zu erhalten. Omas Hausrezepte sind keine exakte Wissenschaft, sondern das Ergebnis aus vielen Versuchen und langer Erfahrung. Für ein bestmögliches Resultat sollten Sie sich jedoch die Zeit nehmen, ihre Eigenschaften zu verstehen.

▶ Sie haben die Wahl

Die Produkte haben unterschiedliche Konsistenzen und Eigenschaften und gehören auch nicht der gleichen Familie an, aber sie haben dieselbe Wirkung und Reinigungskraft. Man braucht also nicht alle, wählen Sie einfach Ihren Liebling aus: eines, das besonders simpel ist, toll (oder gar nicht) duftet oder ohnehin in Ihrem Schrank lagert.

❗ SICHERHEIT GEHT VOR

Auch wenn es sich um Naturprodukte handelt, sollten Sie die Sicherheitsvorschriften beachten.

❗ WARNHINWEIS:

· **Wir haben die Insekten ausgewählt,** die im Alltag besonders lästig sind. Die Liste ist aber bei Weitem nicht erschöpfend …

· **„Großeinsätze" haben wir absichtlich weggelassen,** beispielsweise die Beseitigung von Wespen- oder gar Hornissennestern. Dafür sollten Sie immer einen Profi betrauen.

· **Wir übernehmen keine Haftung** für die Wirksamkeit der Tipps in diesem Buch. Bei ihrer Umsetzung ist unbedingt auf eine sachgemäße Verwendung der Produkte zu achten.

· **Die Hilfe durch einen Profi** ist immer dann angezeigt, wenn es sich um schweren Insektenbefall oder um eine potentielle Gefahr handelt.

· **Selbst gemachte Insektenschutzmittel niemals in Getränkeflaschen** oder Lebensmittelverpackungen füllen.

· **Etikettieren Sie die Produkte** sorgfältig und leserlich und listen Sie die Inhaltsstoffe auf: Wenn jemand anders sie benutzt, muss er erkennen können, worum es sich handelt.

· **Ob gefährlich oder nicht,** bewahren Sie Haushaltsprodukte immer außerhalb der Reichweite von Kindern und Tieren auf. Ideal ist ein möglichst hoch hängender Wandschrank.

Ob es darum geht, sie in die Flucht zu schlagen oder sie auszulöschen, man braucht im Kampf gegen Insekten stets ein paar „Werkzeuge". Diese gibt es in Drogeriemärkten, Baumärkten, Apotheken, einige auch im Supermarkt in der Lebensmittelabteilung.

LEXIKON DER UNENTBEHRLICHEN PRODUKTE

BORSÄURE

Kakerlaken, Ameisen, Skorpione

Borsäure – in der Regel gewonnen aus dem Mineral Borax, das mit Schwefelsäure behandelt wird – ist tödlich für Kakerlaken und andere Insekten, für den Menschen jedoch nicht lebensgefährlich, weder bei Verschlucken noch beim Einatmen. In hohen Konzentrationen reizt sie aber Augen, Haut und Atemwege, und Verschlucken in größeren Mengen kann ebenfalls schaden. Borsäure wurde von der Europäischen Gemeinschaft als reproduktionstoxisch Kategorie 2 eingestuft und gilt als Gefahrstoff; beim Umgang damit sind Sicherheitsvorschriften zu beachten.

KNOBLAUCH

Lebensmittelmotten, Fliegen, Stechmücken, Blattläuse, Baumwanzen, Bremsen

Im Mittelalter galt Knoblauch als Abwehrmittel gegen Hexen und böse Geister. Heute gehören seine Zehen – in der Regel geschält und zerdrückt – zu den potentesten Mitteln, um Insekten abzuwehren. Und sie sind natürlich auch eine fantastische Zutat in der Küche!

NATRON

Ameisen, Wespen, Fliegen, Silberfischchen

Natron, die gängige Bezeichnung für Natriumhydrogencarbonat, kommt auch als natürliches Mineral vor, wird aber meist synthetisch aus Kreide und Salz hergestellt. Das feine weiße Pulver hat viele Vorteile: Es ist essbar, biologisch abbaubar, ungiftig, geruchlos, wasserlöslich und frei von Konservierungsstoffen. Im Alltag lässt es sich für viele Zwecke einsetzen: als Deodorant, Desinfektionsmittel, Fleckenentferner, oder auch für Körperhygiene und Gesundheit.

 TIPP

Machen Sie den Test!

Um herauszufinden, ob Ihr Natron noch wirksam ist, einfach einen Esslöffel davon in ein Glas Wasser geben und ein paar Tropfen Zitronensaft oder Essig hinzufügen. Beginnt es zu schäumen? Dann wirkt es noch!

KAFFEE

Ameisen, Wespen, Läuse

Einige versuchen aus dem Kaffeesatz die Zukunft zu lesen, unsere Großmütter hingegen nutzten ihn weitgehend für pragmatischere Zwecke. Sammeln Sie Ihren kompletten Kaffeesatz (auch den aus Kapseln) und füllen Sie ihn in ein Plastikgefäß, das Sie an einem trockenen, dunklen Ort aufbewahren. Das Gefäß nicht verschließen, damit sich kein Schimmel bildet. So lässt sich der Kaffeesatz mehrere Wochen frisch halten.

ZITRONE

Ameisen, Kleidermotten,
Lebensmittelmotten, Mücken

Vitaminquelle, Desinfektions- und Reinigungsmittel, Antioxidans, Küchenzutat – diese kleine Frucht hat es wirklich in sich.

GEWÜRZNELKEN

Bienen, Wespen, Kleidermotten,
Fruchtfliegen, Fliegen, Stechmücken,
Silberfischchen, Bremsen

Die getrockneten Blüten des Gewürznelkenbaums, der aus Indonesien stammt, sind nützlich im Kampf gegen Insekten, denn diese verabscheuen ihren starken Geruch. Nelkenöl kann dank seiner antiseptischen und antibakteriellen Wirkung auch bei Zahn- und Zahnfleischentzündungen helfen.

ÄTHERISCHE ÖLE

Bienen, Herbstmilben, Spinnen, Ameisen,
Wespen, Kleidermotten, Lebensmittelmotten,
Fliegen, Stechmücken, Silberfischchen,
Baumwanzen, Bremsen

Die ätherischen Öle von Eukalyptus, Minze, Lavendel, Teebaum, Rosskastanie etc. sind ebenfalls unverzichtbare Helfer. Sie vereinen sämtliche guten Eigenschaften ihrer Originalprodukte in konzentrierter Form.

❗ **ACHTUNG:** Ätherische Öle sind mit Vorsicht anzuwenden, man sollte stets die Sicherheitsvorschriften beherzigen: Handschuhe tragen, direkten Hautkontakt vermeiden, die Dosierungsanleitung beachten. Die Öle können durchaus giftig und gesundheitsschädlich sein. Vermeiden Sie den Umgang mit ihnen außerdem in der Nähe von Allergikern, schwangeren Frauen, Kindern und Haustieren.

◆

SAVON DE MARSEILLE

Herbstmilben, Kleidermotten, Fruchtfliegen

Die berühmte Savon de Marseille wird auf Basis von Olivenöl hergestellt. Sie ist frei von Duft-, Farb- und sonstigen Zusatzstoffen und daher als Wasch- und Reinigungsmittel, aber auch für die Körperpflege hervorragend geeignet. Unglücklicherweise wurden weder ihr Name noch ihre Zusammensetzung je geschützt und es gibt zahlreiche Nachahmerprodukte, die oft Palmöl und andere Zusatzstoffe enthalten.

Solange es kein offizielles Siegel gibt, achten Sie beim Kauf darauf, dass es sich um echte Kernseife mit der Kennzeichnung „72 % Pflanzenöl" handelt.

◆

SCHMIERSEIFE

Ameisen, Wespen, Fruchtfliegen, Fliegen, Blattläuse

Es gibt zwei Arten von Schmierseife. Die erste, auch Beldi-Seife genannt, wird aus Olivenpaste und Kalilauge hergestellt und ist als Peeling der Körperpflege vorbehalten. Die zweite, ebenfalls hergestellt aus Kalilauge und Fett (Oliven-, Lein-, Walnuss- oder Maiskeimöl oder Glycerin), ist vielseitig einsetzbar: als Reiniger, Fettlöser, Bleichmittel, Insektizid…

◆

❗ **ACHTUNG:**

Versuchen Sie nicht, Zeit zu sparen, indem Sie Produkte oder Behandlungen mischen. Meist kommt nichts Gutes dabei heraus, eher im Gegenteil: Es können sogar gefährliche chemische Reaktionen (beispielsweise giftige Dämpfe) entstehen.

TALKUMPUDER

Herbstmilben, Ameisen, Blattläuse

Im Handel sind zwei Arten von Talkumpuder erhältlich. Das eine ist ein natürliches Mineral, das vor allem aus Magnesiumsilikat besteht, das andere eine synthetische Variante. Beide sind für den Menschen nicht schädlich, aber eine wirksame Waffe gegen Schmutz aller Art – und gegen Herbstmilben. Zudem schützt Talkumpuder die Haut vor dem Austrocknen.

❗ **ACHTUNG:** Es ist nicht empfehlenswert, Talkumpuder zur Pflege von Babyhaut zu verwenden: Es kann zu Hautreizungen führen.

KIESELGUR

Herbstmilben, Spinnen, Kakerlaken, Silberfischchen, Bettwanzen, Skorpione

Dieses braune oder weiße, zu 100 % natürliche Pulver – es besteht aus den Siliciumschalen von Millionen Jahre alten Mikroalgen – ist ein großartiges Insektenbekämpfungsmittel. Seine scharfen Partikelchen wirken wie Rasierklingen, außerdem ist es für viele Insekten giftig.

ESSIGESSENZ

Bienen, Spinnen, Kakerlaken, Ameisen, Lebensmittelmotten, Fruchtfliegen, Fliegen, Bettwanzen, Skorpione, Bremsen

Essigessenz wird industriell auf der Basis von Alkohol hergestellt, welcher wiederum aus Zuckerrüben oder Mais gewonnen wird. Die farblose, ungiftige Flüssigkeit ersetzt alle chemischen Reinigungsmittel, Fettlöser oder Herbizide für Haus und Garten. Sie ist auch ein ausgezeichnetes Insektenschutzmittel. Einziger Nachteil: der Geruch. Er ist stark und durchdringend und beißt in den Augen (ohne sie zu reizen), verfliegt aber zum Glück schnell.

❗ **ACHTUNG:** Essigessenz nie mit Javellewasser mischen, dabei können giftige Dämpfe entstehen.

Sie dringen meist unbemerkt
ein und machen sich überall breit.
Sie besiedeln unsere Kleiderschränke.
Manche sind einfach nur lästig,
andere machen uns Angst.

KRABBELINSEKTEN

HERBSTMILBEN

Diese kleinen Kreaturen können unser Picknick auf der Wiese zu einem Albtraum machen. Im Spätsommer und Herbst (daher der Name) treiben sie ihr Unwesen auf Wiesen in schattigen Bereichen, in Obstgärten, in der Nähe von Teichen und Schwimmbecken etc. Es sind nicht die erwachsenen Tiere, die den Menschen befallen, sondern die Larven. Sie bohren sich in der Haut fest und saugen Blut. Und das juckt gewaltig!

In die Flucht schlagen

▸ **Unkraut und Gestrüpp entfernen:** Dort nisten sie gerne. Pflanzen Sie dort stattdessen Melisse, Zitronengras oder Minze an, denn deren Geruch wird sie abwehren.

 TIPP

Was tun bei einem Biss?

Um die Larven wieder loszuwerden, so bald wie möglich ein heißes Bad nehmen. Anschließend die Haut mit einem Badehandschuh und Kernseife frottieren. Abduschen und abtrocknen, dann Talkumpuder auf die Haut auftragen und gut einmassieren.

Vernichten

▸ **Kieselgur ist eine unschlagbare Waffe:** Es genügt, die Orte zu bestreuen, an denen sie sich aufhalten.

Sich schützen

▸ **Immer eine Decke ausbreiten,** bevor Sie sich auf den Rasen setzen. Das ist nicht nur bequemer, sondern hält auch die Milben fern (und das piekende Gras).

☞ Wussten Sie schon ...?

Herbstmilben befallen auch Hunde und Katzen. Haustiere daher regelmäßig untersuchen. Entdecken Sie winzige orangefarbene Punkte, sollten Sie sofort eine Parasitenbehandlung vornehmen.

▶ **Ein paar Tropfen ätherisches Eukalyptus-, Minz- oder Lavendelöl** auf der Kleidung lässt sie sich ein anderes Opfer suchen, da sie den Geruch nicht mögen.

▶ **Erstaunlich, aber wahr: Etwas Talkumpuder auf der Haut,** auch unter der Kleidung, bildet eine schützende Barriere gegen Herbstmilben.

❶ **ACHTUNG:** Bei Hautausschlägen oder sonstigen allergischen Reaktionen sofort einen Arzt aufsuchen!

Anti-Juckreiz

💡 **TIPP**

Gegen den Juckreiz helfen Eiswürfel (ein Beutel Tiefkühlerbsen funktioniert auch sehr gut). Deren Kälte ist zudem tödlich für die Larven.

SPINNEN

Sie lieben reinliche Häuser, wie es scheint. Über dieses Kompliment kann man sich freuen. Dennoch gehen viele vor Schreck an die Decke, wenn sie eine Spinne sehen! Wen die Arachnophobie in ihrem Bann hat…

In die Flucht schlagen

Spinnen sind harmlose und sogar nützliche Mitbewohner, denn sie fressen Fruchtfliegen, Läuse etc. Der Nachteil: Manche Spinnenarten hinterlassen säurehaltige Ausscheidungen, die Flecken oder Löcher in Holz oder Stoffen verursachen können.

▶ **Spielen Sie die Lavendel-Karte.** Ob als Strauß oder als ätherisches Öl, Lavendel ist ihnen ein Graus! Wenn Sie Pfefferminzduft vorziehen, auch gut: Spinnen hassen ihn genauso. Gegen Spinnennetze verteilen Sie in der warmen Jahreszeit frische Minzblätter an den Orten, die Spinnen besonders mögen, oder hängen kleine Säckchen mit leicht zerriebenen frischen Minzblättern auf. Um den Duft wieder aufzufrischen, die Blätter anfeuchten oder jede Woche durch frische ersetzen. Die Sprühtechnik ist weniger aufwendig: regelmäßig eine Mischung aus 20 Tropfen ätherischem Öl und drei großen Gläsern Wasser in eine Sprühflasche füllen und in alle Winkel, Ecken und Mauerritzen sprühen. Langfristig effektiver ist, Wattebäusche oder Stoffstücke mit ein paar Tropfen Minzöl zu tränken und an die entsprechenden Orte zu legen. Lust auf einen neuen Duft? Teebaum- und Eukalyptusöl ist für Spinnen ebenfalls ein Anlass, kehrtzumachen.

▸ **Sie reagieren empfindlich auf den Geruch dieser Pflanzen?** Im Herbst können Sie alternativ auch Rosskastanien verwenden. Halbieren (oder die Schale anschneiden) und in alle Ecken legen. Der Geruch wehrt die Spinnen ab, aber Sie selbst werden nichts riechen. Bei Edelkastanien bereitet man einen Sud zu, den man an strategisch wichtigen Stellen versprüht. Das ist ganz einfach: eine Handvoll Kastanienblätter, drei oder vier geschälte Maronen und ihre Schalen in einen Topf mit Wasser geben und zum Kochen bringen.

▸ **Ob auf dem Balkon oder im Garten, pflanzen Sie Tomaten:** Spinnen mögen den Geruch nicht, den die Stöcke verbreiten. Sie können auch leicht zerriebene Blätter von Tomatenpflanzen im Haus verteilen.

Vernichten

▸ **Der Staubsauger** ist immer noch die schnellste Methode bei der Spinnenjagd ... Spinne und Netz sind so in wenigen Minuten verschwunden.

▸ **Kieselgur** ist ebenfalls eine tödliche Waffe. Wenn die Spinnen darüberlaufen, wird ihre Haut verletzt, sie trocknen aus. Rund um das ganze Haus vor allen Öffnungen verstreuen, durch die sie eindringen können.

☞ Wussten Sie schon ...?

Die Spinne ist kein Insekt, sondern gehört zu den Arachnida, denn sie hat acht Beine! Die Haare auf den Beinen sind feine Tast-, Riech- und Hörorgane. Ihre Netze dienen dem Beutefang. Sobald die Beute ins Netz gegangen ist, injiziert die Spinne ihr ein lähmendes Gift und wickelt sie mit Spinnenseide ein.

💡 TIPP

Die Katze und ... die Spinne

Lust auf ein Haustier? Adoptieren Sie eine Katze: Die Tiger lieben es, Spinnen und Insekten zu fangen!

▸ **Da die Essigsäure sie verbrennt,** ist auch Essigessenz kein Spinnenfreund. Eine Mischung aus gleichen Teilen Wasser und Essigessenz direkt auf die Spinne sprühen, oder – wie üblich – an alle Orte, wo sich Spinnen aufhalten. Sie sind in Eile? Stellen Sie einfach kleine Schälchen mit Essigessenz auf. Dabei entsteht allerdings ein störender Geruch, weswegen man Essigessenz nur in gut gelüfteten Räumen anwenden sollte.

Vorbeugen

▸ **Um zu verhindern, dass Spinnen Ihr Haus betreten,** regelmäßig die Fenster- und Türrahmen mit einem Schwamm abreiben, der mit Essigessenz oder ätherischem Kastanienöl getränkt ist. Vergessen Sie auch die Bereiche unter den Schränken nicht, ebenso wie ihre Durchgangsstrecken.

▸ **Sämtliche Eingänge schließen!** Verschließen Sie Spalten, Löcher und Risse in den Mauern mit Spachtelmasse, Silikon oder Gips, um zu verhindern, dass Spinnen auf diesem Wege eindringen. Bringen Sie vor Zugängen wie dem Luftschacht oder dem Kamin feinmaschige Moskitonetze an.

▸ **An Sommerabenden** sollten Sie penibel darauf achten, bei eingeschalteter Beleuchtung die Fenster nicht offenstehen zu lassen. Das Licht zieht zwar keine Spinnen an, aber dafür Mücken, Fliegen und andere Insekten. Das Ergebnis: Hungrige Spinnen folgen ihrer Beute, um sie zu fangen.

▸ **Räumen Sie Schmutzwäsche weg,** ebenso Stapel von alten Zeitungen, die vergessen in einer Ecke des Hauses liegen: Spinnen lieben solche Orte.

KAKERLAKEN

Wir hassen sie, diese hässlichen Schädlinge. Schon bei ihrem Anblick schaudern wir. Vor Ekel, aber auch vor Angst, denn wo eine ist, kann man davon ausgehen, dass eine ganze Kolonie folgt: Eine Kakerlake legt bis zu 100 000 Eier!

Da sie sechs Monate leben, haben sie leider genug Zeit, das gesamte Haus zu erobern. Ihre Lieblingsplätze: Lüftungsschächte, Bodenleisten, Schaltergehäuse, Rohre, Schränke, Risse in den Wänden, Müllschlucker, unter der Spüle, hinter der Waschmaschine… Sie verstecken sich vor allem an warmen, feuchten und lichtgeschützten Orten. Auf ihrer Nahrungssuche machen sie vor unseren Vorräten nicht halt – und sie fressen alles: Nudeln, Milch, Fleisch etc., – und auch nicht vor unserer Kleidung, die sie mit ihren Ausscheidungen zerstören.

Sobald Sie eine Kakerlake im Haus finden, müssen Sie unverzüglich die Nachbarn und den Vermieter oder die Hausverwaltung benachrichtigen. Da sich diese Schädlinge rasch vermehren und überall eindringen, können sie in kürzester Zeit das komplette Gebäude besiedeln! Um einer Invasion erfolgreich entgegenzuwirken, muss die ganze Hausgemeinschaft gleichzeitig etwas unternehmen.

Vernichten

▶ **Borsäure** gegen Kakerlaken ist eines der unverzichtbaren Geheimnisse unserer Großmütter. Wenn die überlieferten Rezepte variieren, dann vor allem, weil sie versuchten, möglichst viele Kakerlaken mit einer einzigen Falle zu vernichten, etwa mit dieser: Aus Borsäure und gezuckerter Kondensmilch einen festen Teig herstellen und daraus Kugeln mit 2 cm Durchmesser formen. Diese Kugeln an die von Kakerlaken bevorzugten Orte legen, vor allem in warme, dunkle Ecken und Lüftungen. In weniger als 14 Tagen werden die Tiere verschwunden sein, denn wenn sie die Kugeln fressen, vergiftet sie die Borsäure. Mindestens zweimal im Jahr Kugeln auslegen. Sollten Sie keine Kondensmilch haben, können Sie auch fünf gekochte, geschälte Kartoffeln, fünf Eigelb und fünf Päckchen Borsäure mischen und daraus die Kugeln formen.

❗ ACHTUNG: Borsäure ist giftig! Man muss daher Handschuhe tragen, die Hände nach Kontakt gründlich waschen und Borsäure-Kugeln außerhalb der Reichweite von Kindern und Haustieren platzieren.

▶ **Um jedes Risiko zu vermeiden, verwenden Sie statt Borsäure Essigessenz.** Dieses Produkt ist ein Helfer in vielen Situationen. Alle Orte, an denen sich Kakerlaken gerne aufhalten, gründlich damit einsprühen: Mauern, Bodenleisten, unter den Möbeln etc.

▶ **Das ist keine Option, denn der Essiggeruch ist Ihnen unangenehm?** Daran soll die Bekämpfung nicht scheitern. Einfach Kieselgur an alle Orte streuen, wo die Schädlinge sich verstecken.

❗ ACHTUNG: Widerstehen Sie dem Drang, Kakerlaken einfach zu zertreten. So verteilen Sie nur Ihre Eier! Stattdessen mithilfe von Toilettenpapier aufsammeln und in die Toilette werfen.

Vorbeugen

▶ **Identifizieren Sie Feuchtigkeitsquellen.** Ohne sie können die Kakerlaken nicht überleben. Nach undichten Wasserhähnen oder Rohren suchen, Kondensation durch Umwickeln der Wasserleitungen vermeiden, das Bad gut lüften und feuchte Stellen trocknen.

▶ **Sie leben von all den Krümeln** und Abfällen, die sie im Haus finden können. Daher immer den Tisch gründlich abwischen, regelmäßig kehren oder staubsaugen und Böden, Möbel und Haushaltsgeräte sauber halten, auch darunter und dahinter.

▶ **Sie wohnen gerne in Rissen und Löchern in den Wänden,** darum sollten Sie alle Öffnungen mit Gips oder Spachtelmasse verschließen.

▶ **Da sie dunkle Orte lieben,** für gute Beleuchtung sorgen.

AMEISEN

Diese kleinen Viecher ärgern uns. Weil sie überall herumwuseln, aber auch, weil auf eine einzelne Ameise meist mindestens 100 weitere folgen!

Außer in Ausnahmefällen (Invasion von Schränken etc.) ist die Beseitigung einer Ameisenkolonie keine gute Idee. Vor allem, wenn Sie einen Garten haben, denn die kleinen Tiere spielen in dieser riesigen Welt eine wichtige Rolle: Sie vertilgen Raupen, Würmer, Larven, Spinnen, Fliegen, Asseln und andere Insektenkadaver, außerdem tragen sie Pollen von Blüte zu Blüte und tragen somit zur Bestäubung bei.

In die Flucht schlagen

▶ **Ameisen sind berechenbar:** Sie nehmen alle ein und denselben Weg, und wenn sie die Ameisenstraße doch einmal verlassen, verlaufen sie sich sofort. Sie orientieren sich anhand von Pheromonen, die sie auf ihrem Weg hinterlassen. Um sie zum Umkehren zu zwingen, genügt es daher, ihre Duftspuren zu verwischen. Aber denken Sie daran, Ameisen sind hartnäckig. Um sie dazu zu bringen, von einer Straße komplett abzuweichen, muss man diese Störung mehrfach wiederholen, denn die Tierchen geben so schnell nicht auf.

▶ **Nehmen Sie sich die Zeit, sie zu beobachten,** um ihren Weg genau zu bestimmen. Wenn die Ameisenstraße erst einmal identifiziert ist, gibt es zahlreiche Methoden, dagegen anzugehen: Essigessenz versprühen, Zitronenschale und -saft verteilen, Kaffeesatz, Cayennepfeffer, Kaminasche, Natron, Backpulver oder zerkleinerte Schalen hartgekochter Eier verstreuen – Sie haben die Wahl. Die Behandlung muss man mindestens dreimal im Monat wiederholen.

▶ **Oder man verteilt mit dem Pinsel einen Walnussblättersud.** Dazu in einem Topf 15 Walnussblätter 15 Minuten lang in 1 l Wasser kochen, das Kochwasser durch ein Sieb gießen und auffangen. Wenn Sie eine Ameisenstraße entdecken, dieses natürliche Insektizid mit einem Pinsel auftragen.

‣ **Kreidelinien ziehen, um ihren Weg zu behindern:** Ameisen mögen die Textur von Kreide nicht und laufen deshalb nicht darüber.

‣ **Sie setzen lieber auf ätherische Öle?** Auch eine gute Möglichkeit: Einfach 10 Tropfen Minz- und 10 Tropfen Lavendelöl auf ein Glas Wasser geben und in eine Sprühflasche füllen (anschließend etikettieren, um Verwechslungen zu vermeiden!). Die Mischung auf die Ameisenstraße und alle Zugänge sprühen, auf denen sie ins Haus gelangen können. Komplizierter, aber effektiv: An allen Zugänge zum Haus ein mit dieser Mischung getränktes Räucherstäbchen abbrennen. Der Rauch mit diesem speziellen Geruch hält Ameisen fern.

‣ **Haben Sie Pflanzen auf dem Balkon** oder in der Wohnung? Es ist gut möglich, dass die Ameisen sich dort niedergelassen haben. Wärme, Blattläuse … es ist alles da, was sie brauchen. Um sie zu vertreiben, ohne dabei den Pflanzen zu schaden, die Pflanzen kräftig gießen und das Wasser ablaufen lassen.

‣ **Wenn sie an der Außenwand des Hauses hochlaufen,** die Straße mit Talkumpuder oder Kreide einreiben. Dann können sie sich nicht mehr festhalten und fallen herunter! Bei Regen muss alles erneuert werden.

Vernichten

‣ **Sie haben keine andere Wahl als sie zu vernichten?** Suchen Sie den Haufen und überfluten Sie ihn mit einer Mischung aus 10 l warmem Wasser und 200 g Schmierseife.

‣ **Ameisen lieben Süßes.** Um sie anzulocken, verteilen Sie daher auf ihrem Weg eine Mischung aus 750 ml Wasser und 250 ml Zucker oder Honig, angereichert mit 20 ml Borsäure. Die Tiere werden es als Nahrung in den Ameisenhaufen transportieren. Das Ergebnis: Nach einigen Wochen sterben alle Ameisen – einschließlich ihrer Königin – an einer Vergiftung durch die Borsäure.

❗ **ACHTUNG:** Borsäure ist giftig! Man muss daher Handschuhe tragen, die Hände nach Kontakt gründlich waschen und die Mischung außerhalb der Reichweite von Kindern und Haustieren platzieren.

Vorbeugen

▸ **Tür- und Fensterrahmen regelmäßig mit Essigessenz reinigen:** Der Geruch wird den Ameisen die Lust nehmen, bei Ihnen einzudringen. Die Reinigung mindestens einmal im Monat wiederholen.

▸ **Risse und Löcher in Wänden, Bodenleisten etc.** mit Silikon oder Spachtelmasse füllen. So reduzieren Sie die Möglichkeiten für die Ameisen, in Ihr Haus zu gelangen.

▸ **Um zu verhindern, dass sie Ihre Schränke besiedeln,** legen Sie kleine Säckchen mit Salbei oder Kampfer hinein: Ameisen hassen diesen Geruch.

▸ **Ameisen lieben es warm,** ein bisschen dunkel und nicht zu luftig. Also Licht an, gut lüften und ab und zu für Durchzug sorgen!

———————◆———————

SILBER-FISCHCHEN

Die winzigen, kaum einen Zentimeter langen Tierchen haben einen schlanken Körper, der mit winzigen silbrigen Schuppen übersät ist – daher der Name –, und lange Antennen. Und sie sind völlig ungefährlich für den Menschen. Silberfischchen beißen und stechen nicht und übertragen keine Krankheiten. Sie können jedoch Schäden an Kleidung, Büchern, Tapeten und Gemälden hinterlassen, denn sie lieben Leim und Papier.

Licht hingegen hassen sie, weshalb sie nur zu nächtlicher Stunde unterwegs sind. Sie werden bis zu fünf Jahre alt, können aber ein ganzes Jahr überleben, ohne zu fressen! Kleine Löcher und gelbliche Flecken auf Kleidung, Tapeten, Pappkartons etc. sind deutliche Anzeichen dafür, dass sie das Haus erobert haben.

Vernichten

▸ **Silberfischchen lieben Kohlenhydrate, also Zucker und Stärke.** Abends eine Falle aufstellen, indem Sie eine Kartoffel halbieren und in eine weit geöffnete Plastiktüte legen. In der Nacht werden sie sich über die Kartoffel hermachen. Am nächsten Morgen müssen Sie nur noch die Tüte zumachen.

▸ **Eine weitere effektive Falle** sind mit Zuckerwasser getränkte, feuchte Tücher auf dem Boden ... dem können sie nicht widerstehen. Am nächsten Morgen die Silberfische in der Toilette entsorgen und kochendes Salzwasser in die Kanalisation gießen. Mehrmals wiederholen.

▸ **Alternativ kann man auch in einem Joghurtglas** 1 EL Mehl und 1 EL Wasser gut vermischen. Das Glas wird außen mit rauem Klebeband umwickelt, um den Silberfischchen den Aufstieg zu erleichtern. Oben angekommen, fallen sie hinein und kommen nicht wieder heraus, weil die Glaswand zu rutschig ist.

▸ **Sie können auch etwas Kieselgur verstreuen** an den Orten, wo sie sich gern aufhalten, also vor allem hinter und unter Bodenleisten, Möbeln und Haushaltsgeräten. Dieses ganz natürliche Pulver enthält Schleifpartikel, welche die Haut der Silberfischchen zerstören. Die Folge: Die Insekten trocken aus und sterben.

💡 **TIPP**

Fressfeinde nutzen

Spinnen, die natürlichen Feinde der Silberfischchen, sollte man nicht vernichten, es sei denn, man erträgt sie nicht.

▸ **Und da sie Papier so lieben,** hilft es auch, abends eine Zeitschrift anzufeuchten, einzurollen, an beiden Enden mit Gummis zu befestigen und dort abzulegen, wo Sie Silberfischchen vermuten. Am nächsten Morgen werden diese von der „Orgie" erschöpft sein, und Sie müssen nur noch die Rolle aufheben und wegwerfen. Jedes Mal wiederholen, wenn Sie Silberfischchen entdecken.

▸ **Um zu verhindern, dass sie sich über Ihre Bibliothek hermachen,** die Bücher regelmäßig mit stark verdünntem ätherischen Thymianöl einsprühen. Das vertreibt die Silberfischchen.

▸ **Auch Zedernholzspäne,** die hier und da verstreut werden, schlägt die Insekten in die Flucht: Sie hassen den Geruch. Die Späne sind wöchentlich zu erneuern. Aber Vorsicht, ein leichter Windstoß genügt, um sie überall zu verteilen. Verwenden Sie sie also besser nur in unbewohnten Räumen wie Garage, Keller, Waschküche etc.

Vorbeugen

▸ **Wie die meisten krabbelnden Insekten lieben Silberfischchen Feuchtigkeit und Wärme.** Bad und Küche gehören folgerichtig zu ihren Lieblingsorten! Deshalb gut lüften und ab und zu für Durchzug sorgen. Suchen Sie auch nach undichten Stellen, vor allem in der Kanalisation. Falls nötig, einen Luftentfeuchter aufstellen.

▸ **Denken Sie daran, alle kleinen Löcher und Risse zu versiegeln,** dort halten sie sich gerne auf. Das Weibchen legt dort ihre Eier ab, und zwar bis zu 100 zwischen April und August!

▸ **Damit sie sich nicht über Ihre Vorräte hermachen,** kleine Säckchen (oder Strümpfe) mit Nelken, Zimt und anderen duftenden Gewürzen füllen und in die Schränke legen.

▸ **Um Nahrungsreste zu entfernen,** die von den Silberfischchen und ihren Larven sehr geschätzt werden, regelmäßig staubsaugen und wischen. Immer nachsehen, ob es feuchte Stellen auf Ihren Teppichen gibt, und diese trocknen; damit trocknen Sie auch Eier aus, die das Weibchen dort vielleicht gelegt hat. Die feuchten Stellen mit Natron bestreuen, drei Stunden einwirken lassen, dann absaugen.

BLATTLÄUSE

Es ist höchst ärgerlich, wenn sie die Rosenstöcke oder andere Pflanzen auf unserem Balkon oder im Garten besiedeln. Sie machen die Pflanzen krank, obwohl sie sich von ihnen ernähren, und beeinträchtigen das Wachstum.

In die Flucht schlagen

▶ **Kaffeesatz** ist ein ausgezeichnetes Insektenschutzmittel; einfach getrockneten Kaffeesatz rund um die Pflanze auf die Erde streuen. Regelmäßig wiederholen (vor allem, wenn es regnet) und für eine bessere Tiefenwirkung etwas kalten Kaffee auf befallene Pflanzen sprühen.

Vernichten

▶ **Schmierseife** ist ein sehr wirksames Insektizid. Es tötet Insekten und deren Larven, indem es die Poren verstopft, durch die sie

TIPP

Fressfeinde nutzen

Marienkäfer – oder vielmehr deren Larven – fressen Blattläuse, und zwar mit großem Appetit! In der Zeit bis zum Erwachsenwerden (drei Wochen) kann eine Larve bis zu 800 Stück verputzen.

atmen. Dadurch ersticken sie. Für eine gute Mischung 3 EL flüssige Schmierseife auf 1 l lauwarmes Wasser geben; 1 TL Speiseöl hinzufügen, um zu verhindern, dass die Mischung zu stark schäumt. In eine Sprühflasche füllen, etwas abkühlen lassen (um die Blätter nicht zu verbrennen) und die Pflanzen damit besprühen. Die Behandlung alle drei Tage wiederholen, bis die Blattläuse verschwunden sind.

❶ ACHTUNG: Handeln Sie gleich beim ersten Auftreten, denn wenn die Läuse Zeit haben, um große Kolonien zu bilden, ist es kaum noch möglich, sie alle mit Seife zu beseitigen.

▸ **Keine Schmierseife vorrätig?** Hier ist die Alternative. Wie die meisten Insekten hassen Blattläuse Knoblauch. Drei oder vier geschälte, zerdrückte Knoblauchzehen in 4 l Wasser geben und zum Kochen bringen. Eine Stunde abkühlen lassen, abgießen und die Pflanzen damit besprühen. Mindestens einmal pro Woche wiederholen.

▸ **Auch hilfreich: Talkumpuder** auf die befallenen Pflanzen streuen. Die Blattläuse ersticken und fallen ab.

☞ *Wussten Sie schon ...?*

Knoblauch vertreibt auch Nacktschnecken.

▸ **Rauchen Sie?** Ein paar Zigarettenkippen in eine 1,5-l-Wasserflasche geben und zehn Tage ziehen lassen, dann abgießen und das Tabakwasser auf die Blattläuse sprühen. Funktioniert auch mit Kaminasche.

❶ ACHTUNG: Immer genau auf die Schädlinge zielen, um nicht versehentlich „erwünschte" Insekten zu treffen.

Vorbeugen

▸ **Um sie von vornherein abzuwehren,** gibt es nur eine Lösung: Pflanzen züchten, deren Geruch sie hassen! Bohnenkraut, Thymian, Tagetes, Wermut, Kapuzinerkresse und Brunnenkresse sind gute Kandidaten. Möglichst nah an die befallenen Pflanzen oder am Fuße der Bäume im Garten pflanzen.

▸ **Sie haben keinen Platz dafür** im Blumenkasten? Eine geschälte, zerdrückte Knoblauchzehe nahe der Wurzeln in der Erde platziert tut's auch.

BETTWANZEN

Ein Albtraum: Seit Ende der 1990er-Jahre überfallen Bettwanzen (Cimex lectularius) unsere Betten. Sie verbreiten sich inzwischen überall auf der Welt, denn sie werden über Gepäck, Kleidung, Bettwäsche und Möbel eingeschleppt.

Diese Insekten haben eine ovale Form, sind so groß wie ein Apfelkern (5–7 mm) und gehören zu den ältesten Parasiten des Menschen. Das Problem: Die Wanzen ernähren sich hauptsächlich von menschlichem Blut, und das vor allem nachts. In einer Nacht können sie über 90 Mal zustechen. In den meisten Fällen rufen ihre Attacken – die vor allem auf die freiliegenden Bereiche von Armen, Beinen und Rücken abzielen – einen ziemlich unangenehmen Juckreiz hervor, ähnlich wie Mü-

ckenstiche. Hier ist Wachsamkeit gefragt. Wenn man erst eine entdeckt hat, folgt schnell eine ganze Kolonie. Und die schlechteste Nachricht ist: Es ist schwierig, sie wieder loszuwerden! Ihre Lebensdauer beträgt 4 Monate bis 1 Jahr, und ein Weibchen kann in der Zeit 200 bis 500 Eier legen. Dafür verstecken sie sich sogar in Lichtschaltern!

Um herauszufinden, ob sie auch Ihr Haus besetzt haben, überprüfen Sie Ihre Gliedmaßen. Bettwanzenstiche treten immer in Gruppen auf, oft angeordnet wie die Ringe einer Zwiebel. Untersuchen Sie Matratzen, Bettwäsche, Bettgestell und Wände mit einer Lupe auf kleine schwarze Flecken – das sind ihre Exkremente. Kleine Blutflecken im Bett? Das sind Wanzen, die Sie im Schlaf zerquetscht haben.

♀ TIPP

Bettwanzen fangen

Der Erzfeind der Bettwanze ist das Bohnenblatt! Die Tiere bleiben in den haarigen Blättern hängen.

Vernichten

▶ **Schnell und gründlich handeln** ist das Motto, um sie erfolgreich zu bekämpfen. Und die Reihenfolge einhalten. Befallene Gegenstände erst behandeln, bevor man sie bewegt, denn sonst verteilt man sie nur im Haus oder zu den Nachbarn. Und auf keinen Fall die Laken am Fenster ausschütteln, sonst setzen sie sich an der Fassade fest! Jede Behandlung muss in den ersten drei Wochen wöchentlich wiederholt werden, danach reicht einmal im Monat. Bei starkem Befall ist auch eine chemische Bekämpfung nötig, um die Plage endgültig zu beseitigen.

▶ **Lassen Sie den Staubsauger mit der flachen Düse heiß laufen.** Matratze, Bettgestell und den Boden gründlich absaugen, Ecken und Winkel nicht vergessen. So entfernen Sie sowohl die Eier als auch die Insekten. Danach den Staubsauger nicht einfach aufräumen, sonst kriechen die Plagegeister sofort wieder heraus! Stattdessen den Beutel herausnehmen, gut verschließen und in einer Mülltonne draußen entsorgen. Anschließend die Staubsaugerdüse reinigen.

▶ **Sollten Sie einen Dampfreiniger besitzen,** ist dessen großer Moment nun gekommen: Bei 120 °C überleben weder die Wanzen noch ihre Eier. Mit Essigessenz befüllt wirkt er noch radikaler.

▶ **Halten Sie Ausschau nach Mauerritzen und Spalten,** Löcher in den Sockelleisten, abgelösten Tapeten… Diese dunklen, warmen Plätze mögen die Weibchen sehr. Alle Öffnungen mit Gips, Spachtelmasse oder dickem Klebeband verschließen.

▶ **Verstreuen Sie Kieselgur** auf all ihren Wegen, auf der Matratze etc.

▶ **Genau wie bei Läusen alles in der Maschine waschen** bei 60 °C: Kopfkissen, Bettwäsche, Decken, Bettdecke…

Sich schützen

▸ **Das Schlafzimmer nicht überheizen:** Bettwanzen lieben es warm und trocken. Und lüften Sie häufig.

▸ **Nach dem Reinigen und Desinfizieren** Matratze und Bettgestell mit neuen, speziellen Wanzenbezügen beziehen. Man kann die Bezüge zusätzlich mit Klebeband abdichten.

▸ **Bettwanzen können weder fliegen noch springen** und auch nicht an glatten Oberflächen emporklettern: Daher am besten alle Bettfüße mit Vaseline einreiben. Um ihnen keine Wege zu bereiten, sollte man die Möbel nicht zu dicht zusammenstellen, sondern immer ein wenig Platz dazwischen lassen.

▸ **Und egal wo Sie Urlaub machen,** die Koffer nie auf das Bett stellen.

☞ Wussten Sie schon ...?

Die Stiche verschwinden innerhalb von zehn Tagen ohne besondere Behandlung. Es ist jedoch besser, sie zu desinfizieren, um Infektionen zu vermeiden. Bei starkem Juckreiz oder allergischen Reaktionen sollten Sie einen Arzt aufsuchen.

◆

SKORPIONE

Im Sommer ist die harmlose Skorpionart *Euscorpius flavicaudis* vor allem in Südeuropa anzutreffen. Die Tiere können aber auch in kühlere Regionen verschleppt werden.

Die mit ihren 4 cm Länge relativ kleinen dunkelbraunen Skorpione, die zur Familie der Spinnentiere gehören, stechen nur, wenn sie sich angegriffen fühlen. Ihr Stich ist auch nicht viel schmerzhafter als ein Wespenstich. Allerdings muss man sofort reagieren, wenn Kinder oder Allergiker betroffen sind.

Bevor Sie Skorpione töten, denken Sie daran, dass sie auch sehr nützliche Haushaltsmitglieder sind, da sie sich von Spinnen, Wanzen, Fliegen und anderen kleinen Insekten ernähren.

In die Flucht schlagen

▸ **Damit sie sich gar nicht erst im Haus niederlassen,** Mauerritzen, Schränke und andere dunkle Ecken mit Zimtpulver bestreuen. Fast alle Menschen lieben den Geruch, aber den Skorpionen ist er ein Graus. Fensterbänke und Bodenleisten nicht vergessen!

Vernichten

‣ **Unverdünnte Essigessenz** in eine Sprüh-flasche geben und den Eindringling damit besprühen. Essigsäure ist für Skorpione tödlich.

‣ **Klebefallen** in dunklen Ecken und in der Nähe von Feuchtigkeitsquellen aufstellen.

‣ **Kieselgur** ist auch hier wieder erbarmungs-los. Einfach an allen potenziellen Verstecken (Bodenleisten, Mauerrisse) und in der Nähe von Wasserquellen (Spüle) verstreuen. So-bald sie es gefressen haben, trocknen sie von innen her aus.

‣ **Man kann sie alternativ mit Borsäure ver-giften,** die man genau wie Kieselgur an allen strategisch wichtigen Stellen verstreut. Aber Vorsicht, dieses Produkt ist giftig und kann für Ihre Kinder und Ihre Haustiere ge-fährlich werden.

TIPP

Was tun bei einem Stich?

Sofort mit Eis kühlen (ein Päckchen Tief-kühlerbsen ist sehr effektiv) und die nächstgelegene Giftnotrufzentrale an-rufen (siehe Anhang). Die europäischen Arten sind nicht sehr gefährlich, aber es werden immer mehr tropische Arten ein-geschleppt, und für einen Laien sind die verschiedenen Tiere schwierig zu unter-schieden.

‣ **Schaffen Sie sich ein Huhn an:** Skorpione sind für Hühner ein Leckerbissen (und für Sie die frischen Eier zum Frühstück).

Vorbeugen

▶ **Skorpione sind immer auf der Suche nach Wasser,** also nach Kondenswasser (Klimaanlage, Waschkeller, Kanalisation) und undichten Stellen Ausschau halten. Untersetzer und Töpfe, die sich mit Regenwasser füllen, regelmäßig leeren usw.

Schmerzen lindern nach einem Stich

Heiße Luft kann den Schmerz etwas lindern. Das funktioniert am besten mit einem Föhn. Außerdem aus zwei zerkleinerten Aspirintabletten und etwas Wasser einen Wundverband anfertigen, auf den Stich auftragen und etwa zehn Minuten einwirken lassen. Alternativbehandlung: den Stich 15 Minuten lang mit einer aufgeschnittenen Zwiebel einreiben. Bei Skorpionstichen gelten dieselben Tricks wie bei Wespenstichen, beispielsweise die Glut einer Zigarette (oder ein Stück glimmende Holzkohle) möglichst nahe an den Stich halten. Vorsicht, nicht verbrennen! Danach die Stelle sanft mit etwas Essig einreiben.

Wussten Sie schon ...?

Skorpione halten sich in aller Regel nicht auf Wiesen auf, sie verstecken sich lieber unter Steinen.

▶ **Löcher stopfen:** Mauerritzen, Risse in der Wand, Löcher in Bodenleisten oder Steinwänden …

▶ **Haus und Garten so gründlich wie möglich aufräumen.** Gestrüpp, nutzlos herumliegendes Holz und Steine entfernen, stehendes Wasser ablaufen lassen … also alles beseitigen, was Skorpione anlockt oder ihnen als perfektes Versteck dienen könnte.

Sich schützen

▶ **Schuhe umgedreht aufbewahren,** damit kein Skorpion hineinkriecht, und vor dem Anziehen gut ausschütteln.

▶ **Moskitonetze** über dem Babybett aufspannen.

Ob drinnen oder draussen, diese Biester machen uns das Leben schwer. Sie zerstören unsere Kleidung, fallen über unsere Lebensmittel her und stechen uns. Doch zum Glück gibt es Mittel und Wege, sie in die Flucht zu schlagen.

FLUGINSEKTEN

BIENEN

Mit seltenen Ausnahmen gibt es keinen Grund, Bienen zu bekämpfen. Mit ihrem Heißhunger auf Süßes mögen sie uns zwar manchmal nerven, doch sie spielen eine große Rolle im Ökosystem. Sie sind die wichtigsten Pflanzenbestäuber und ohne sie gäbe es keinen Honig! Schützen wir also diese kleinen Insekten, die von Jahr zu Jahr leider unaufhaltsam weniger werden aufgrund der Fungizide und Insektizide, die in der Landwirtschaft eingesetzt werden.

In die Flucht schlagen

▸ **Essigessenz** ist ein hervorragendes Mittel, um lästige Insekten zu vertreiben. Wenn Sie im Sommer ungestört draußen essen wollen, stellen Sie ein paar Schälchen – oder leere Cremetöpfchen – auf den Tisch, ge-

☞ *Wussten Sie schon ...?*

Eine Biene sticht nur, wenn sie den Stock schützen will oder sich in großer Gefahr wähnt. Mit Ausnahme der Königin sterben die Tiere kurz nach dem Stich.

füllt mit einer Mischung aus 1 TL Honig (der sie anlockt), 10 cl Essigessenz (die sie sofort wieder vertreibt) und 40 ml Wasser, um den Geruch zu lindern.

▸ **Gewürznelken** sind ebenfalls sehr effizient, und der Trick ist simpel: Mit Nelken gespickte Zitronen oder einfach ein paar Gewürznelken alleine verteilen, etwa in Blumentöpfen, vor dem Fenster, auf dem Tisch etc.

▸ **Alles Süße zieht Bienen an,** den Geruch von Gurken aber hassen sie. Legen Sie einfach ein paar Gurkenscheiben auf Ihr Sommer-Buffet, vor allem in die Nähe der Süßspeisen und Desserts!

▸ **Eine gute Alternative ist es, Baumwolltücher** mit einer Mischung aus 2 EL Orangenöl und 2 EL Wasser zu tränken und anschließend damit die Geländer, Türen, Fenster etc. abzuwischen.

💡 TIPP

Was tun bei einem Stich?

Ein Stich am Finger? Sofort alle Ringe abnehmen, bevor der Finger anschwillt.

Um den Stachel zu entfernen, eine Vakuumpumpe verwenden oder die Haut von beiden Seiten leicht zusammendrücken und den Stachel mit einer Pinzette herausziehen. Den Stich etwa mit einer in Alkohol getränkten Kompresse desinfizieren.

❶ ACHTUNG: Genau wie Wespenstiche können auch Bienenstiche Hautreaktionen auslösen. Wenn Sie allergisch sind, in den Hals oder in Mundnähe gestochen wurden oder wenn Ihr Gesicht anschwillt, gehen Sie sofort zum Arzt oder rufen Sie den Notarzt an; sie werden Ihnen sagen, was zu tun ist.

Sich schützen

▸ **Keine blumigen oder süßlichen Parfums benutzen,** um nicht belästigt zu werden: Der süße Geruch zieht Bienen an.

▸ **Leuchtend bunte Kleider** sind auch nicht zu empfehlen.

WESPEN

Kaum setzt man sich draußen zum Essen hin, beginnen sie, um die Teller zu kreisen. Was zieht sie an? Süßes. In jeder Form. Der Reflex? Man will sie in die Flucht schlagen und fuchtelt mit den Armen. Fataler Irrtum: Wenn sich bedroht fühlen, werden sie aggressiv und stechen. Nicht alle Arten, aber für den Laien ist es geradezu unmöglich, sie auseinanderzuhalten.

Wenn man sich nicht bewegt, verschwinden sie genauso ruhig, wie sie gekommen sind. Aber wenn man in Panik gerät (viele Menschen haben eine Wespenphobie!), ist das oft unmöglich, vor allem, wenn die Tiere sich auch noch absprechen und im Schwarm um das Picknick kreisen. Man sollte sie also auf andere Weise zu vertreiben versuchen.

In die ~~Flucht~~ schlagen

▸ **2 EL Kaffeepulver** (frisch gemahlenen, keinen Kaffeesatz) auf eine Untertasse geben und anzünden. Der Geruch von geröstetem Kaffee und der aufsteigende Rauch veranlassen sie zum Umkehren. Regelmäßig wiederholen.

▶ **Brennende Räucherstäbchen** wirken genau-so gut, denn der starke, schwere Geruch von Weihrauch ist Wespen unangenehm. Duft-kerzen sind eine Alternative, solange es sich dabei nicht um süße Düfte handelt.

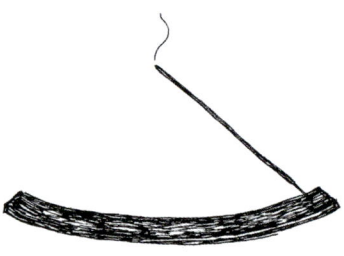

▶ **Man kann auch selbst eine Art Duftkugeln herstellen.** Dazu eine Orange oder eine Zitrone mit Gewürznelken spicken. Das ist hübsch anzusehen und außerdem effektiv, da der Geruch Wespen vertreibt. Alternativ können Sie einfach ein paar Gewürznelken auf dem Tisch verteilen.

▶ **Der Duft ätherischer Öle von Echtem Laven-del,** Lavandin oder Zitronengras ist für Wespen ebenfalls abstoßend. Kieselsteine oder Taschentücher mit ein paar Tropfen Öl Ihrer Wahl beträufeln und an geeigneten Stellen verteilen.

▶ **Gurkensalat** ist die perfekte Beilage zu einem sommerlichen Essen im Freien,

💡 TIPP

Was tun bei einem Stich?

Wenn Sie allergisch sind, in den Hals oder in Mundnähe gestochen wurden oder wenn Ihr Gesicht anschwillt, gehen Sie sofort zum Arzt oder rufen Sie den Notarzt an.

Um den Stachel zu entfernen, eine Va-kuumpumpe verwenden oder die Haut von beiden Seiten leicht zusammen-drücken und den Stachel mit einer Pin-zette herausziehen. Den Stich etwa mit einer in Alkohol getränkten Kompresse desinfizieren.

denn Wespen hassen dieses Gemüse. Ver-teilen Sie ein paar frische Gurkenscheiben um Ihren Picknickplatz. Dies sollte sie daran hindern, sich zu nähern.

▶ **Wespen schwirren um Ihren Balkon herum?** Hängen Sie ein paar mit Wasser gefüllte Gefrierbeutel auf. Das ist zwar nicht schön, aber die Lichtreflexe vertreiben sie.

Vernichten

Bevor Sie eine Falle aufstellen, um Wespen zu töten, bedenken Sie, dass sie für das Ökosystem wichtig sind. Sie verhindern, dass sich Insekten und Raupen zu stark vermehren, und unterstützen die Bestäubung.

▸ **Nur wenn wirklich zu viele Wespen um Ihr Haus streifen,** ist eine Wespenfalle angebracht. Um sie selbst herzustellen, braucht man lediglich eine leere Plastikwasserflasche. Die Flasche in der Mitte durchschneiden, den unteren Teil mit einer süßen Flüssigkeit füllen, beispielsweise 1 oder 2 EL flüssiger Honig, Marmelade oder ein halbes Glas Orangensaft; mit etwas Wasser verdünnen. Nun den oberen Teil der Flasche mit dem Hals nach unten wie einen Trichter hineinschieben. Sie werden darin ertrinken. Die Falle in der Nähe des Tischs aufstellen, um sie anzulocken. Man kann die Fallen auch mit einem Bindfaden in Bäumen aufhängen. Eventuell mehrere Fallen aufstel-

len, je nachdem, wie viele Wespen Sie plagen. Sollten Sie keine Flasche zur Hand haben, können Sie auch eine Schüssel mit Melonensaft aufstellen. Den Saft etwas verdünnen, damit sie darin ertrinken, wenn sie davon probieren…

▸ **Besprühen Sie sie mit Seifenwasser!** Wespen haben ihr Nest in Ihrem Garten aufgebaut? Wenn es Abend wird und die Temperatur gesunken ist, gießen Sie eine Mischung aus Wasser und Schmierseife in die Öffnung (aber schützen Sie sich vor Stichen, es ist gut möglich, dass einige Wespen zurückschlagen). Ein Glas Schmierseife auf zwei Gläser Wasser geben. Dadurch verkleben ihre Flügel, außerdem werden sie zu schwer zum Fliegen. Am Ende ersticken oder ertrinken sie in ihrem Nest.

Wussten Sie schon …?

Wenn man Wespen erschlägt, führt das noch lange nicht dazu, dass man Ruhe hat: Wenn eine Wespe zerquetscht wird, wird ein Pheromon freigesetzt, das andere Wespen alarmiert!

Vorbeugen

▸ **Wenn der Sommer gekommen ist,** ist es Zeit, etwas gegen ihre Ankunft zu unternehmen. Um sie fernzuhalten, alle Tür- und Fensterrahmen mit Seifenlauge (zwei Gläser Schmierseife und ein Glas Wasser) reinigen.

Schmerzen lindern nach einem Stich

Rauchen Sie? Dann halten Sie zum Beispiel die Glut einer Zigarette (oder ein Stück glimmende Holzkohle) möglichst nahe an den Stich. Vorsicht, nicht verbrennen! Danach die Stelle sanft mit etwas Essig einreiben.

Auch wenn Zwiebeln Sie zum Weinen bringen, es hilft, den Stich 15 Minuten lang mit einer aufgeschnittenen Zwiebel einzureiben.

Alternativ aus zwei zerkleinerten Aspirintabletten und etwas Wasser einen Wundverband anfertigen. Auf den Stich auftragen und ca. zehn Minuten einwirken lassen.

Auch heiße Luft kann den Schmerz etwas dämpfen. Das funktioniert am besten mit einem Föhn.

▸ **Wespen verstecken sich gerne** in Mauerritzen und anderen kleinen Vorsprüngen. Regelmäßig die Innen- und Außenwände des Hauses mit verdünntem Javellewasser oder Chlorreiniger besprühen (ein halbes Glas auf eine Tasse Wasser). Lassen Sie jedoch Vorsicht walten beim Umgang mit diesen aggressiven Reinigungsmitteln!

▸ **Um sie zum Umkehren zu bewegen,** kann man auch eine Mischung aus 0,5 l Wasser, 1 TL Backpulver und 4 EL Olivenöl versprühen. Am besten macht man das mehrmals täglich. Diese Methode ist allerdings nur im Freien anzuwenden, denn der Boden wird dadurch rutschig.

▸ **Wenn Sie Erdbeeren im Garten haben,** pflanzen Sie etwas weiter davon entfernt Kohlrabi, der zieht sie an.

▸ **Jedem seinen Platz.** Wespen bauen nur dort ein Nest, wo nicht bereits eines vorhanden ist. Um die Wespen zu täuschen, zerknüllen Sie ein paar braune Papiertüten, die man in Obst- und Gemüseläden bekommt, und hängen diese auf dem Balkon oder in der Nähe der Eingangstür auf. Der Instinkt der Wespen wird sie davon abhalten, sich dort anzusiedeln.

Sich schützen

▶ **Sie haben das Gefühl, eine unwiderstehliche Anziehungskraft auf Wespen zu haben?** Reiben Sie Ihre Hände, Arme, Beine und den Hals – also alle freiliegenden Körperteile – mit Tomatenblättern ab. Der Geruch der Blätter wird sie abstoßen.

▶ **Das ätherische Öl der Rosengeranie** ist auch sehr effektiv, um Wespen zu vertreiben. Aber bevor Sie sich damit einreiben, befragen Sie einen Aromatherapiespezialisten und studieren Sie vor allem die Packungsbeilage genau. Denken Sie immer daran, dass ätherische Öle schädlich sein können, wenn man sie nicht richtig anwendet. Für schwangere Frauen, Kinder und Allergiker sind sie ungeeignet.

▶ **Leuchtend bunte Farben** werden im Sommer zwar gerne getragen, aber leider ziehen sie auch Wespen an, die sie für Blumen halten, vor allem Gelb! Wählen Sie deswegen für Ihr Picknick auf der Wiese lieber neutrale Farben wie Weiß oder die Komplementärfarbe von Gelb: Blau. Von süßen oder schweren Parfums ist ebenfalls abzuraten.

KLEIDERMOTTEN

Kleidermotten sind ein Albtraum für unsere Kleidung und alle anderen Textilien wie Teppiche, Pelze etc. Diese winzigen, nur 7 bis 10 mm großen Insekten dringen auf allen möglichen Wegen bei uns ein. Geleitet von ihrem Geruchssinn, suchen sich die Weibchen die wärmsten Stellen im Haus aus, um dort ihre Eier abzulegen. Die Gefahr geht jedoch nicht von den erwachsenen Tieren aus, sondern von den Larven. Sie sind es, die unsere schönen Sachen zerstören. Die Larven sind so winzig und so gefräßig, dass man keine andere Wahl hat, als sie zu vernichten – es sei denn, man möchte unbedingt mit zerlöcherten Kleidern herumlaufen.

Bei der Bekämpfung muss man schnell und gründlich handeln, denn sie sind widerstandsfähig und zahlreich. Wenn man nicht alle gleichzeitig erwischt, werden die restlichen ihre Arbeit fortsetzen. Eine erwachsene Motte lebt ungefähr 14 Tage – genug Zeit für die Weibchen, sich zu paaren und ihre Eier an einem dunklen Ort abzulegen, an dem viel Nahrung für die Larven vorhanden ist: im Kleiderschrank, zwischen Vorhängen, in Wollteppichen. Ein Weibchen legt erschreckende 50 bis 100 Eier! Schon zehn Tage später schlüpfen die winzigen weißen Raupen und entwickeln sich schnell zu Larven. Nun setzt die Gefahr ein, da sie sich gierig über jedwede Textilfaser hermachen. Die kleinen Viecher sind in der Lage, in kürzester Zeit einen ganzen Pulloverstapel zu zerstören, indem sie sechs bis acht Löcher in jeden Pulli fressen. Am Ende des Larvenstadiums verpuppen sie sich: Sie spinnen einen Seidenkokon und verwandeln sich schließlich in eine erwachsene Motte. Man muss also handeln, bevor die Eier gelegt werden.

☞ Wussten Sie schon ...?

Kleidermotten und ihre Larven sind sehr lichtscheu. *Sie bevorzugen Dunkelheit, auch wenn sie manchmal um eine Lampe herumschwirren, wenn sie aufgeschreckt werden.*

Wenn man sie anleuchtet, *flüchten sich die Larven sofort an dunklere Orte und verstecken sich in Möbeln, Teppichen, Bodenleisten, Ritzen usw.*

In die ~~Flucht~~ schlagen

▸ **Egal wie Sie vorgehen, berücksichtigen Sie bei der Menge der Zutaten die Größe Ihres Kleiderschranks** und die Anzahl der Fächer. Ein Säckchen Thymian wird für 20 Schrankfächer nicht ausreichen. Nehmen Sie für vier bis fünf Fächer je ein Säckchen.

▸ **Ein Stück Savon de Marseille in Scheiben schneiden und in die Schränke legen.** Warum auch immer, die Motten mögen den Geruch der Seife nicht. Aleppo-Seife, reich an Lorbeeröl, wirkt genauso gut.

▸ **Motten hassen außerdem den Geruch von Zeitungspapier,** alternativ also ein paar zerknüllte Blätter in den Kleiderschrank legen.

▸ **Ein Sträußchen aus getrocknetem Waldmeister** hilft auch. Die weißen Blüten des Waldkrauts verströmen dank Kumarin einen starken Geruch nach frischem Gras, der Motten abhält.

▸ **Kampfer,** ob in Form von Öl, frischen Zweigen, Kugeln oder Kampferspiritus, ist eine der ältesten Methoden, um Motten abzuwehren.

▸ **Gewürznelken** gehören ebenfalls zu den wirksamsten Waffen. Ein paar Gewürznelken in einen Kniestrumpf oder in ein Schälchen geben. Das wird sie in die Flucht schlagen, denn sie hassen den Geruch. Man kann natürlich auch eine mit Gewürznelken gespickte Orange in den Kleiderschrank legen.

▸ **Zapfen des Virginischen Wacholders** funktionieren genauso gut. Jeden Monat mit Sandpapier abreiben, um den Duft zu aktivieren. Vorsicht, die Pflanze ist giftig!

▸ **Man kann auch einen Nylonstrumpf** mit zehn Lorbeerblättern füllen und im Schrank aufhängen oder zwischen die Wäsche legen.

TIPP

Selbstgemachter Raumduft

Großporige Kieselsteine, Taschentücher, Verbandmull oder Watte werden in Kombination mit ein paar Tropfen ätherischem Öl zu einem nützlichen Duftspender. Sie absorbieren das Öl und geben es langsam wieder an die Umgebung ab, zum Beispiel in Ihrem Kleiderschrank. Das gefällt den Motten gar nicht!

▸ **Thymianzweige** in einem Strumpf sind eine weitere gute Lösung. Sie haben gerade keinen Thymian da? Verwenden Sie stattdessen ätherisches Thymianöl. Ein paar Tropfen auf einen speziellen Duftstein oder einen Kaolinstein geben.

Fressfeinde nutzen

Geflügelte Ameisen und einige Spinnenarten wie etwa Zitterspinnen sind großartige Verbündete, weil sie gerne Motten fressen, wenn diese sich aus dem Schrank wagen.

Man kann sich auch winzige Wespen zur Hilfe holen, nämlich die Schlupfwespenart *Trichogramma evanescens*. Diese Insekten sind kaum größer als ein Stecknadelkopf und auch nicht schwerer: 1000 Wespen wiegen 0,002 g! Für den Menschen völlig ungefährlich, sind sie der natürliche Feind von Insektenlarven. Das Prinzip? Die Miniwespen legen ihre Eier in die Motteneier und verhindern so, dass daraus Larven schlüpfen. Acht bis zehn Tage später schlüpfen stattdessen neue Wespen. Ihre Lebensdauer beträgt bei Raumtemperatur etwa fünf Tage, sie verschwinden natürlich, wenn sie keine Motteneier mehr finden. Die Mikro-Wespen werden als Eier verkauft, die auf Pappkarten angebracht sind. Nach zwei Wochen schlüpfen sie und suchen sofort nach Motteneiern. Die Insekten müssen über einen Zeitraum von acht Wochen hinweg aktiv sein, denn das entspricht dem Entwicklungszyklus einer Mottengeneration vom Ei bis zum Schmetterling. Eine Karte pro m² in den Schrank hängen.

Man kann die Eier bei verschiedenen Anbietern im Internet bestellen.

▸ **Auch der Geruch von Kastanien** ist Motten ein Graus. Nutzen Sie also den Herbst und sammeln Sie Kastanien, die Sie in Ihre Schränke legen. Alternativ drei oder vier Tropfen ätherisches Kastanienöl auf ein Taschentuch geben.

▸ **Wenn Sie möchten, können Sie Ihre Schränke auch gleichzeitig parfümieren.** Ein Stoffsäckchen mit Orangen- und Zitronenschalen füllen und so hoch aufhängen, dass die Kleidung davon nicht berührt wird. Sie bevorzugen eher den Duft von Minze oder Eukalyptus? Kein Problem: Ob frische Blätter oder ätherisches Öl, auch dieser Geruch hält Motten fern.

▸ **Hoch oben im Schrank** einen Schuhkarton mit einem etwa 10 cm² großen Kaninchenfell aufstellen (fragen Sie den Wildhändler Ihres Vertrauens, ob er solche Felle im Angebot hat); der starke Geruch ist für Motten sehr attraktiv. Ohne zu zögern, werden die Weibchen ihre Eier in das Kaninchenfell anstatt in Ihre Pullover legen. Das Fell muss ein oder zwei Mal im Jahr erneuert werden.

Vorbeugen

▸ **Am Ende des Winters (spätestens März/April)** die Fächer des Kleiderschranks ausräumen und mit einem Schwamm und einer Mischung aus 3 EL Zitronensaft, 0,25 l Wasser und zwei Tropfen Eukalyptusöl reinigen, vor allem in den Ecken. Vor dem Einräumen gut trocknen lassen. Als weitere Vorbeugungsmaßnahme kann man Säckchen mit Lavendel oder Kampfer hineinhängen.

▸ **Um zu verhindern, dass sie überhaupt erst in Ihr Haus eindringen,** sollte man Moskitonetze an den Fenstern und Eingangstüren anbringen, außerdem Mauerrisse und andere Öffnungen verschließen und diese zusätzlich mit dem gleichen Mittel behandeln wie den Kleiderschrank (siehe oben).

▸ **Regelmäßig staubsaugen,** auch im Kleiderschrank und unter den Möbeln.

▸ **Während der Sommermonate (Juli, August),** der Zeit der Eiablage, sollte man sich Zeit nehmen, um seine Kleider gut auszuschütteln. Danach gründlich ausbürsten, um alle Larven zu entfernen, die dort möglicherweise nisten.

▸ **Motten hassen es, gestört zu werden,** stiften Sie also etwas Unruhe in Ihren Schränken: öffnen, lüften, Kleidung herausnehmen und umstapeln, Kleiderbügel umhängen etc.

▸ **Und Motten lieben Schweißgeruch.** Damit sie nicht ihren Wohnsitz in Ihren Schränken aufschlagen, reinigen Sie Ihre Kleidung, bevor Sie sie in den Schrank räumen, vor allem zur Zeit der Eiablage. Kleidung, die Sie in der Saison nicht mehr tragen, in Kleidersäcke packen und Lavendel, Zedernholz oder einen anderen Mottenschutz dazulegen.

LEBENSMITTEL-MOTTEN

Sie sind genauso gefräßig wie ihre Cousins, die Kleidermotten. Aber sie stürzen sich nicht auf Stoff, sondern auf unser Essen! Sie lieben es, in Lebensmitteln zu siedeln. Besonders schätzen sie Mehl, Reis, Teigwaren, Hafer, Quinoa und Amaranth, aber auch Zucker, Schokolade, Trockenfrüchte und Tierfutter. Sie schaffen es sogar, verschlossene Plastikbeutel zu durchbohren, um sich in deren Inhalt breitzumachen.

Vernichten

Eine Katastrophe: Sie haben kleine weiße Falter in Ihrer Küche entdeckt. Dann gibt es keinen Zweifel: Lebensmittelmotten haben Ihre Schränke besiedelt. Nun heißt es Ärmel hochkrempeln und an die Arbeit! Um sie auszurotten, ist ein Großputz erforderlich.

▸ **Leider müssen Sie viel wegwerfen.** Alle betroffenen bzw. potenziell befallenen Lebensmittel in einen Müllsack werfen und diesen sofort draußen entsorgen, damit die Motten nicht gleich wieder rauskrabbeln

können. Bei manchen Päckchen sind Sie sich nicht sicher? Werfen Sie sie dennoch weg. Da die Eier unsichtbar sind, beginnt die Plage sonst vielleicht bald von vorne!

▸ **Nach dem Ausräumen** die Schränke gründlich mit einem Schwamm und einer Mischung aus 3 EL Zitronensaft, 0,25 l Wasser und zwei Tropfen Eukalyptusöl reinigen. Eine Alternative ist mit Wasser verdünnte Essigessenz, aber der Geruch ist weniger angenehm. Nicht nur die Ecken und Winkel gründlich reinigen, sondern auch sämtliche Lebensmittelpackungen: Diese Motten legen ihre Eier einfach überall ab, sogar in den Poren von Karton. Vor dem Einräumen alles gut trocknen lassen.

Vorbeugen

▸ **Genau wie Kleidermotten** verabscheuen sie starke Gerüche. Deshalb einfach ein paar große Knoblauchzehen zwischen trockene Lebensmittelvorräte wie Bohnen, Kichererbsen, Nudeln oder Reis legen.

▸ **Mehl und sonstige Getreideprodukte** in verschließbaren Gläsern aufbewahren.

FRUCHTFLIEGEN

Diese winzigen Insekten, die von Pflanzen und reifen Früchten angezogen werden, erscheinen immer wie aus dem Nichts. Sie sind zwar harmlos, aber es ist ärgerlich, wenn sie um die Lebensmittel und um uns selbst herumschwirren. Ganz zu schweigen davon, dass sie ständig in unseren Gläsern oder Tellern ertrinken. Zum Glück gehen sie den meisten Fallen auf den Leim, mit denen sich auch ihre Verwandten, die Fliegen, fangen lassen.

In die Flucht schlagen

▸ **Um zu verhindern, dass sie in den Obstkörben siedeln,** einen oder zwei halbierte Korken hineinlegen: Das wird die Fruchtfliegen vertreiben, denn sie hassen den Korkgeruch. Darüber hinaus absorbieren die Korken Feuchtigkeit und das Obst bleibt länger frisch.

▸ **Besprühen Sie sie** mit einer Mischung aus 1 l warmem Wasser, 2 EL Schmierseife und 2 EL Natron. Durch das Gewicht der Seife können sie nicht mehr fliegen und sterben.

▸ **Genau wie im Falle von Fliegen und Motten sind Gewürznelken** ihr Feind Nummer 1. Das können Sie nutzen und einfach ein paar Gewürznelken an den Orten verteilen, die sie am meisten lieben. Oder Sie spicken eine Zitrone damit.

Vernichten

▸ **Da sie Feuchtigkeit lieben, schwirren sie auch gerne über der Spüle herum.** Ein wenig Olivenöl in der Spüle wird sie anlocken, erweist sich aber als Falle, aus der sie nicht mehr herauskommen. Um sicherzustellen, dass sie alle erwischen, mehrmals wiederholen.

▸ **Auch das Aufstellen kleiner Schälchen mit Rotwein** in der Küche, auf dem Tisch oder auf dem Balkon hilft dabei, die Tiere loszuwerden. Verwenden Sie den letzten Rest aus der Flasche und geben Sie zwei Tropfen flüssige Kernseife hinein. Der Geruch des Weins zieht die Fruchtfliegen wie magisch an, doch das Fest ist für sie schnell vorbei: Die dünne Seifenschicht auf dem Wein wird dafür sorgen, dass sie ertrinken, wenn sie davon kosten.

▸ **Fruchtfliegen lassen sich gerne auf Zimmerpflanzen nieder,** vor allem dann, wenn die Erde zu nass ist (und das kommt nicht zu selten vor). Was noch schlimmer ist: Sie legen dort besonders gern ihre Eier ab! Um diese zu entfernen, Ihre Pflanzen regelmäßig mit einer Mischung aus 3 EL flüssiger Kernseife, 1 EL Zitronensaft und 2 EL Wasser einsprühen – auch die Erde und die Unterseiten der Blätter.

Vorbeugen

▸ **Auch hier gilt wieder,** wie bei all den Insekten, die sich von unseren Speiseresten ernähren: die Versuchungen möglichst gering halten. Sie sollten daher schmutziges Geschirr nicht zu lange in der Spüle herumstehen lassen, alle Krümel immer sofort zusammenkehren, den Mülleimer regelmäßig leeren und ihn auch gleich mit einem Schwamm und etwas Schmierseife reinigen (nachspülen mit Wasser ist nicht nötig). Außerdem sind Lebensmittel in luftdicht verschlossenen Gefäßen oder im Kühlschrank aufzubewahren.

▸ **Mit all dem, was so den Abfluss hinunterläuft, ist die Spüle** für Fruchtfliegen besonders anziehend. Um zu verhindern, dass sie dort ihre Eier ablegen, gießt man eine Mischung aus 200 ml Essig, 200 g grobem Salz und 200 g Natron hinein. Mindestens 30 Minuten einwirken lassen, dann mit einem Topf kochendem Wasser nachspülen.

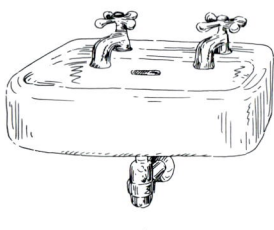

FLIEGEN

....

Draußen und drinnen ärgern sie uns, umkreisen uns, krabbeln auf uns herum. Da besänftigt auch das Wissen nicht, dass sie für das Ökosystem nützlich sind.

....

In die Flucht schlagen

▸ **Auch wenn man, wie das alte Sprichwort sagt, Fliegen mit Honig fängt,** und nicht mit Essig, so ist dieser doch ein gutes Mittel, um sie zu vertreiben. Ein Schälchen mit Essigessenz aufstellen, fertig. Am besten jedoch nur im Freien anwenden, da der Geruch nicht nur für Fliegen lästig sein kann! Um ihn zu mildern, 1 TL geriebene Savon de Marseille hinzufügen.

▸ **Mit ihrem starken, durchdringenden Geruch vertreiben Gewürznelken** viele unwillkommene Insekten! Ein paar auf dem Esstisch und in der Küche verteilen oder ein Dutzend Gewürznelken in ein Säckchen füllen und am Fenster oder an der Tür aufhängen. Man kann auch eine Zwiebel, Orange oder Zitrone mit Nelken spicken. Die Maßnahmen alle 14 Tage wiederholen.

▸ **Lavendel** ist auch ein ausgezeichnetes Mittel gegen Fliegen, sie hassen den Duft. Falls möglich, pflanzen Sie also Lavendel auf dem Balkon oder im Garten, möglichst in der Nähe von Türen und Fenstern: Das veranlasst die Fliegen, wieder kehrtzumachen. Im Haus Schälchen mit Lavendelblüten verteilen, oder auch kleine Säckchen (z. B. Kniestrümpfe); Letztere zubinden, damit die Blüten nicht herausfallen. Der Duft lässt

sich mit zwei oder drei Tropfen ätherischem Lavendelöl wieder auffrischen. Oder Sie geben ein paar Tropfen Öl auf Taschentücher oder Stoffstücke und legen diese in die Nähe von Fenstern und Türen.

▸ **Ein duftender Kräutergarten** für das Haus, den man in der Küche und im Wohnzimmer an der Fensterbank aufstellt, ist ebenfalls eine gute Lösung. Einfach zwei oder drei aromatische Kräuter in einen Mini-Blumenkasten oder ein anderes schönes Gefäß pflanzen. Das sieht schön aus, riecht gut, ist nützlich beim Kochen und hält Fliegen ab! Jetzt kommt es nur noch darauf an, die richtigen Pflanzen auszuwählen. Sie können alles nehmen, was Ihnen gefällt, solange Sie die beiden wichtigsten „Fliegenvertreiber" nicht vergessen: Basilikum und Polei-Minze *(Mentha pulegium)*. Vorsicht: Diese Minze nicht zum Kochen verwenden, sie ist giftig!

▸ **Wie viele Insekten** verabscheuen auch Fliegen den Geruch von Knoblauch mehr als alles andere. Die rohen Knoblauchzehen allein reichen jedoch noch nicht, in Verbindung mit Öl entfalten sie eine viel bessere Wirkung. Etwa ein Dutzend Knoblauchzehen schälen, fein hacken, in eine Schüssel geben, 0,25 l Olivenöl hinzufügen und ziehen lassen. Das Öl dann in kleine Schälchen füllen und diese im ganzen Haus verteilen. Man kann das Öl auch in eine Sprühflasche füllen (unbedingt etikettieren) und die Fliegen damit ansprühen. Diese Methode sollte man jedoch nur im Freien anwenden, um Geruchsbelästigung und Rutschgefahr zu vermeiden.

▶ **Was Pflanzen angeht,** finden Fliegen, ganz wie Stechmücken, den Geruch der Zitronengeranie besonders widerwärtig. Wenn sie blüht, sorgt diese Pflanze für schöne Farbtupfer. Stellen Sie ein paar Töpfe auf dem Balkon oder der Fensterbank auf. Alternativ ein Fläschchen mit zehn Tropfen ätherischem Zitronengeranienöl und etwas Wasser hinstellen oder ein paar Tropfen des Öls auf ein Taschentuch geben.

▶ **Auch Tagetes und Rainfarn g**ehören zu den Pflanzen, mit denen sich Fliegen vertreiben lassen.

Vernichten

▶ **Besprizten Sie die Plagegeister** mit Seifenwasser (4 EL flüssige Schmierseife auf 2 l warmes Wasser). Die Seife verklebt ihre Flügel … Diese Methode ist im Freien ideal, in Innenräumen aber nicht besonders praktisch.

▶ **Die Plastikflaschen-Falle funktioniert nicht nur bei Wespen,** sondern auch bei Fliegen, die ebenfalls gern Süßes mögen. Einfach eine leere Plastikflasche in der Mitte durchschneiden, 2 EL flüssigen Honig oder Marmelade, verdünnt mit 1 EL Wasser, Orangensaft oder eine andere zuckerhaltige Flüssigkeit in den unteren Teil der Flasche füllen. Dann den oberen Teil mit dem Hals nach unten wie einen Trichter aufsetzen. Die Fliegen werden vom süßen Geruch angezogen, aber sie fallen beim Versuch zu trinken hinein, kommen nicht mehr heraus und ertrinken.

▶ **Die berühmten Fliegenfänger aus gelbem Papier,** die sich in den Küchen unserer Urgroßeltern fanden, sind auch heute noch ein Bestseller. Aber heutzutage sind sie mit nicht-toxischen Naturprodukten beschichtet. Zugegeben, sie sind nicht sehr stilvoll, aber dafür effektiv: Die Fliegen bleiben daran kleben und sterben. Außerdem dauert es nur fünf Minuten, sie selbst herzustellen. Dafür einen 15 bis 20 cm langen und 2 bis 3 cm breiten Tüllstreifen ausschneiden, und zwar vorzugsweise in Gelb: Diese Farbe, die an Licht erinnert, lockt Fliegen stärker an als andere. An einem Ende eine Schnur oder einen

Haken befestigen, um den fertigen Fliegenfänger an der Decke aufzuhängen. Mit einem Spatel ein Gemisch aus 2 TL Honig und 0,5 TL Wasser verteilen. An verschiedenen Orten im Haus aufhängen, vor allem natürlich dort, wo sich immer viele Fliegen herumtreiben (Tisch, Arbeitsplatte, etc.). Wechseln Sie den Fliegenfänger aus, wenn er nicht mehr klebt oder wenn zu viele Fliegen daranhängen.

Vorbeugen

▶ **Die eine oder andere Fliege wird gewiss alle Hindernisse und Fallen umgehen können,** aber wenn man auch nicht alle daran hindern kann, ins Haus zu kommen, einige erwischt man doch.

▶ **Stehen Tomatenpflanzen** an Fenster oder Tür, bleiben sie lieber draußen.

☞ *Wussten Sie schon ...?*

Um lackierte Möbel von Fliegenkot zu reinigen, ohne sie zu beschädigen, einfach 1 EL Weißwein auf ein sauberes Tuch geben und die Flecken sanft damit abreiben. Vorsichtshalber sollte man diese Methode aber zuerst immer auf einem wenig sichtbaren Bereich ausprobieren.

▸ **Sorgen Sie im Sommer für Durchzug** in Ihrem Haus oder schalten Sie den Ventilator ein: Fliegen mögen genau wie Stechmücken keinen Wind, er stört sie beim Fliegen. In Windeseile werden die Fliegen verschwunden sein.

▸ **Moskitonetze und Vorhänge** an Fenstern und Türen sind eine einfache Methode, um ihnen den Zutritt zu erschweren. Nach Einbruch der Dunkelheit in erleuchteten Räumen die Fenster nicht offen lassen: Licht zieht sie an, ebenso wie gelbe Vorhänge und gelbe Wandfarbe.

▸ **Auch effektiv: Tür- und Fensterrahmen** mit Knoblauchöl (siehe oben) oder mit einer halbierten Zwiebel einreiben.

▸ **Nahrungsmittel oder schmutziges Geschirr** nicht zu lange herumstehen lassen. Auch herumliegende Krümel ziehen Fliegen unwiderstehlich an. Mülltonnen sollten regelmäßig geleert und gesäubert werden, hin und wieder sollte man sie auch desinfizieren. Alle warmen, feuchten Orte wie beispielsweise Schränke im Badezimmer ebenfalls regelmäßig reinigen, denn dort legen die Fliegen gerne ihre Eier ab.

---◆---

STECHMÜCKEN

Stechmücken sind der Schrecken unserer Sommerabende, denn sie trinken unser Blut. Genauer gesagt, tun dies nur die Weibchen, die damit ihre Larven ernähren.

Es bringt entgegen landläufiger Meinung auch nichts, das Licht auszuschalten, darauf reagieren Mücken eher nicht. Sie werden in erster Linie durch CO_2 angezogen! Und da wir davon reichlich abgeben, finden sie uns in einem Umkreis von mehr als 30 Metern und stürzen sich auf unsere Haut. Die Mückenweibchen „fliegen" aber auch auf den Geruch von Haut: Milchsäure, Harnstoff und Ammoniak. Er wird stärker, wenn wir schwitzen, also wenn wir uns bewegen, wenn wir Sport treiben oder auch wenn wir Fieber haben. Schweißgeruch zieht sie an.

In die Flucht schlagen

▸ **Zitronengras** wird häufig als Mückenschutz eingesetzt. Inzwischen beginnen einige Experten jedoch, an seiner Wirksamkeit zu zweifeln. Die europäische Richtlinie 98/8/EG für Biozidprodukte bezeichnet es sogar als Placebo! Im Zweifel besser das entsprechende ätherische Öl verwenden, das neben Citronellol auch Geraniol enthält. Letzteres ist für seine antiparasitäre Wirkung allgemein anerkannt (sogar in den europäischen Richtlinien). Zusammen stören diese beiden aktiven Moleküle das Nervensystem der Stechmücken, die sich deshalb lieber aus dem Staub machen. Aber Vorsicht, wie alle ätherischen Öle ist es für schwangere und stillende Frauen sowie für Kinder unter drei Jahren nicht zu empfehlen.

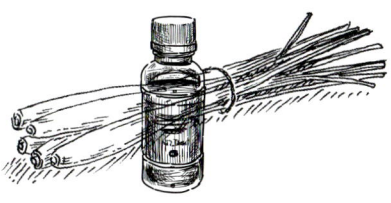

- ▶ **Pflanzen Sie Rosengeranien** (*Pelargonium graveolens*): Ihr Duft hält Stechmücken ebenfalls ab. Zusätzlich kann man sich die Haut mit ein paar Blättern dieser Pflanzen einreiben. Die Plagegeister werden ganz schnell flüchten und sich nach anderen Opfern umschauen!

- ▶ **Schälchen mit schwarzem Tee** und einer oder zwei geschälten und zerkleinerten Knoblauchzehen auf dem Tisch aufstellen, das lässt sie ebenfalls die Beine in die Hand nehmen.

Fressfeinde nutzen

Ein Verbündeter, der sicher gerne zu Hilfe kommt, ist die Spinne. Solange Sie keine Angst vor Spinnen haben, gewähren Sie einigen Exemplaren Unterschlupf in Ihrem Haus. Sie werden Ihnen helfen, einige Mücken loszuwerden.

Außerhalb des Hauses helfen Frösche und Kröten bei der Regulierung ihrer Bevölkerungszahl. Das ist eine sehr gute Lösung, wenn Sie einen kleinen Pool oder Teich im Garten haben.

Aber der beste Insektenvernichter ist immer noch die Fledermaus. Sie liebt kleine Insekten. In einer Nacht kann eine kaum daumengroße Zwergfledermaus über 5000 Insekten vertilgen!

- ▶ **Und vergessen Sie die Gewürznelken nicht!** Sie vertreiben Fliegen, Bremsen, Wespen, aber auch Stechmücken. Bereiten Sie selbstgemachte Duftkugeln vor, indem Sie Zitronen oder Orangen mit ein paar Gewürznelken spicken, und verteilen Sie sie auf dem Nachttisch, dem Esstisch, dem Couchtisch etc.

Vorbeugen

▸ **Blumentöpfe, Eimer etc.:** Machen Sie Jagd auf stehendes Wasser, auf dem Balkon, auf der Terrasse oder im Garten! Die Larven entwickeln sich in solchen stehenden Gewässern. Also nach jedem Regen ausgießen und abtropfen lassen.

▸ **Pflanzen Sie so viele Kräuter wie möglich** im Garten, auf dem Balkon und auf den Fensterbänken im Haus. Stechmücken hassen den Geruch von Thymian, Bohnenkraut, Eisenkraut, Wermut, Dill, Basilikum und Minze. Bitte beachten: Minze sollte immer alleine in einen Topf gepflanzt werden, weil sie sich sehr stark ausbreitet und so eine weitere Pflanze verdrängen kann.

▸ **Denken Sie auch an Tomatenpflanzen,** der Geruch wird Mücken ebenfalls abwehren.

TIPP

Schmerzen lindern nach einem Stich

Es brennt, es juckt, und je mehr man kratzt, desto schlimmer wird es… ein Albtraum. Nun kann man den Stich mit einer aufgeschnittenen Zwiebel oder Zitrone einreiben. Sie mögen den Geruch nicht? Dann einen aufgebrühten, aber nicht zu heißen Teebeutel darauflegen, oder einmal aufgekochte Petersilienblätter. Weitere Alternative: 40 g Klettenblüten mit 1 l kochendem Wasser übergießen, zehn Minuten ziehen lassen und den Stich damit einreiben.

Sich schützen

▸ **Um zu verhindern, dass die Stechmücken von Schweißgeruch angelockt werden,** vor dem Schlafengehen duschen und dafür sorgen, dass man im Schlaf nicht schwitzt, etwa mit einem Ventilator.

▸ **Die beste Möglichkeit aber, sich vor ihren Stichen zu schützen,** sind Duftstoffe, die den Mücken zuwider sind. Vor dem Abendessen daher die Hände, den Hals, die Arme und die

Beine mit Blättern der Rosengeranie abreiben, vor allem die Stellen, an denen man am häufigsten gestochen wird, also an den Hand- und Fußgelenken. Wenn Sie keine Geranienpflanzen zuhause haben, können Sie stattdessen auch einen Tropfen ätherisches Rosengeranienöl mit zehn Tropfen Speiseöl mischen.

▸ **Sie haben weder Geranien noch Geranienöl?** 40 Tropfen ätherisches Pfefferminzöl und ein halbes Glas Olivenöl mischen und auf die freiliegenden Hautpartien auftragen. Vorsicht, manche Menschen reagieren allergisch oder empfindlich auf ätherische Öle; denken Sie daran, dass sie für schwangere Frauen und Kinder unter drei Jahren nicht geeignet sind. Die eingeriebenen Hautstellen nicht zu stark der Sonne aussetzen!

☞ Wussten Sie schon …?

Gefährliche Stechmücken, von Mückenplagen betroffene Gebiete, Tipps für den Schutz gegen Mücken – im Internet findet man alle möglichen Informationen zum Thema Stechmücken, zum Beispiel unter www.mückenschutz-info.de.

▸ **Was die Kleidung angeht,** so wäre es ideal, sich von Kopf bis Fuß zu bedecken. Leider nicht sehr glamourös für ein Abendessen mit Meerblick. Vermeiden Sie aber zumindest leuchtende Farben, denn ansonsten werden Sie von den Insekten schneller entdeckt und sie werden sich unaufhaltsam auf Sie stürzen!

◆

BAUMWANZEN

. . . .

Gelegentlich verirren sich die je nach Jahreszeit grünen, braunen, roten oder schwarzen Baumwanzen *(Palomena Prasina)* **in die Häuser, oft auf der Suche nach einem Platz zum Überwintern.**

. . . .

Diese flachen, breiten, ca. 12 mm großen Insekten sind für den Menschen ungefährlich und verursachen in den Häusern auch keinen Schaden. Im Garten sieht die Sache anders aus: Dort richten Baumwanzen regelrechte Verwüstungen an, denn sie ernähren sich von Obst, Gemüse, Pflanzen und Blumen. Dennoch haben sie auch ihre guten Seiten. Einige vernichten Schädlinge wie Fransenflügler, diese notorischen Pflanzenzerstörer, die sie mit ihrem Mundwerkzeug aufsaugen. Was tun wir also, wenn wir Wanzen im Haus finden? Am besten umstandslos hinauswerfen. Dabei allerdings darauf achten, dass wir sie dabei nicht zu sehr erschrecken oder gar töten, denn wenn sie sich angegriffen fühlen, sondern sie einen bestialischen Gestank ab.

In die Flucht schlagen

▶ **Wanzen hassen den Geruch von Knoblauch,** das sollten Sie natürlich ausnutzen! Dazu Pflanzen, Fensterbänke und andere Stellen, an denen sie sich gerne aufhalten, mit einer Mischung aus 4 TL Knoblauchpulver und 0,5 l Wasser besprühen. Zusätzlich können Sie ein paar geschälte Knoblauchzehen in ihre Verstecke legen. Wenn Sie den Knoblauchgeruch selbst nicht ertragen, behelfen Sie sich stattdessen mit Minze: entweder zehn Tropfen ätherisches Öl oder 3 TL (10 ml) gehackte Minzblätter, jeweils ebenfalls auf 0,5 l Wasser geben.

BREMSEN

Diese Insekten aus der Ordnung der Zweiflügler sehen aus wie große Fliegen, stechen auch, wenn sie nicht angegriffen werden, und verderben uns so unser Picknick im Grünen und den Abend auf der Terrasse. Im Gegensatz zu Wespen, die nur stechen, wenn sie bedroht oder gestört werden, tun Bremsen bzw. die Weibchen dies, um ihre Eier mit frischem Blut zu versorgen. In der warmen Jahreszeit, von Juni bis August, sind sie tagsüber sehr aktiv. Genau wie Wespen werden sie durch Bewegung angezogen. Wenn man sich nicht bewegt, verschwinden sie wieder, aber das ist leichter gesagt als getan!

In die Flucht schlagen

▶ **Eine Sprühflasche** mit einem Teil Essigessenz, zwei Teilen Wasser, zehn Tropfen Zitrone und einer halbierten Knoblauchzehe füllen und die Bremsen damit besprühen. Der Geruch ist ihnen zuwider und sie ergreifen die Flucht.

▸ **Oder Sie setzen auf die ätherischen Öle von Zitronengras,** Lavendel, Geranie und Gewürznelke. All diese Pflanzen haben einen durchdringenden Geruch, den Bremsen hassen.

▸ **Gewürznelken** sind ebenfalls ein wirksames Mittel: Auf dem Esstisch und in der Küche verteilen, oder eine Orange oder Zitrone mit Gewürznelken spicken. Um zu verhindern, dass sie in Ihr Haus eindringen, je ein Dutzend Gewürznelken in Säckchen füllen und an Türen und Fenstern aufhängen. Regelmäßig erneuern.

Vorbeugen

▸ **Bremsen lieben stehendes Wasser,** achten Sie also darauf, alle Untersetzer, Töpfe usw. regelmäßig zu leeren. Und sie hassen den Wind! Sorgen Sie deshalb für Durchzug oder schalten Sie den Ventilator ein, vor allem abends in der Dämmerung, wenn sie sich besonders bemühen, an Ihr Blut zu kommen.

 **TIPP**

Was tun bei einem Stich?

Bremsenstiche können entzündliche Hautreaktionen und allergische Reaktionen hervorrufen. Wenn Sie allergisch sind, in den Hals oder in Mundnähe gestochen werden oder wenn Ihr Gesicht anschwillt, gehen Sie sofort zum Arzt oder rufen Sie den Notarzt oder die Feuerwehr an.

Den Stachel sofort mit einer Pinzette entfernen und den Stich mit Alkohol o. ä. desinfizieren. Um die Schmerzen zu lindern, die Haut ein paar Minuten mit kaltem Wasser oder Eis kühlen.

▸ **Mit Moskitonetzen** an den Fenstern und Betten lässt sich der eine oder andere Stich vermeiden…

Sich schützen

▸ **Um nicht entdeckt zu werden,** setzen sich die Weibchen meist auf dunklere Untergründe. Tragen Sie also helle Kleidung. Ideal ist es, sich von Kopf bis Fuß zu bedecken, also lange Ärmel und Hosen zu tragen, vor allem abends. Doch das ist im Sommer wenig chic und oft auch unzureichend: Der Stachel dieser verfluchten Kreaturen ist stark genug, um so manchen Stoff zu durchstechen.

ANHANG

EINSTUFUNG UND KENNZEICHNUNG VON CHEMIKALIEN

Um das Internationale System der Einstufung und Kennzeichnung* von Chemikalien zu harmonisieren, gibt es seit 1. Juni 2015 eine neue Kennzeichnungspflicht für alle Gemische (und seit Dezember 2010 für alle Stoffe). Jedoch gilt eine Übergangsfrist für die Produkte, die sich bereits auf dem Markt befinden. Das bedeutet, dass bis Mai 2017 alte und neue Kennzeichnung koexistieren.

*Europäische Verordnung Nr. 1272/2008 über die Einstufung, Kennzeichnung und Verpackung.

• **Wozu ist das gut?** Die Einstufung von Chemikalien soll den Verbraucher über die von chemischen Stoffen und Gemischen ausgehenden Gefahren sowie über deren Auswirkungen auf Gesundheit und Umwelt informieren.

❶ ACHTUNG: Beachten Sie bei der Anwendung eines Produkts immer die Gebrauchsanweisung.

GEFAHREN FÜR DIE UMWELT

ALTE KENN-ZEICHNUNG	NEUE KENN-ZEICHNUNG	GEFAHRENBEZEICHNUNG	VORSICHTS-MASSNAHMEN
		**SCHÄDIGT DIE OZONSCHICHT:** Das Produkt zerstört die Atmosphäre	Nicht in die Umwelt gelangen lassen
		**WASSERGEFÄHRDEND:** Das Produkt ist umweltschädlich • Es hat (kurz- und/oder langfristig) nachteilige Auswirkungen auf Wasserorganismen	Nicht in die Umwelt gelangen lassen

PHYSIKALISCHE GEFAHREN

ALTE KENN-ZEICHNUNG	NEUE KENN-ZEICHNUNG	GEFAHRENBEZEICHNUNG	VORSICHTS-MASSNAHMEN
		**EXPLOSIV:** Das Produkt kann in Kontakt mit Feuer oder anderen Zündquellen, mit statischer Elektrizität, bei Erwärmung oder durch Schlag oder Reibung explodieren	Von Zündquellen und anderen Hitzequellen fernhalten
		**GAS UNTER DRUCK:** Das Produkt kann bei Erwärmung explodieren (verdichtetes, verflüssigtes oder gelöstes Gas) • Es kann Kälteverbrennungen oder -Verletzungen verursachen (tiefgekühltes verflüssigtes Gas)	Vor Sonnenbestrahlung schützen • Hautkontakt mit tiefgekühlten Flüssigkeiten vermeiden
		**ENTZÜNDBAR:** Das Produkt kann sich durch Kontakt mit einer Flamme, Funken und anderen Zündquellen, mit statischer Elektrizität, bei Erwärmung, durch Reibung, Kontakt mit Luft oder mit Wasser entzünden	Von Zündquellen und anderen Hitzequellen fernhalten
		**OXIDIEREND:** Das Produkt kann einen Brand verursachen oder beschleunigen • Es kann in der Nähe von entzündbaren Produkten eine Explosion verursachen	Von Hitze- und Zündquellen fernhalten, kontaminierte Kleidung und Haut sofort mit viel Wasser abwaschen
		**KORROSIV:** Das Produkt kann zu Verätzungen führen • Es kann korrosiv auf Metalle wirken, sie angreifen oder zerstören	Von Zündquellen und anderen Hitzequellen fernhalten

GESUNDHEITSGEFAHREN

ALTE KENN-ZEICHNUNG	NEUE KENN-ZEICHNUNG	GEFAHRENBEZEICHNUNG	VORSICHTS-MASSNAHMEN
		**GESUNDHEITSSCHÄDLICH:** Das Produkt kann in hohen Dosen toxisch sein • Es kann Haut, Augen und Atemwege reizen • Es kann allergische Hautreaktionen hervorrufen • Kann zu Schläfrigkeit und Benommenheit führen	Jeglichen Kontakt mit dem Produkt vermeiden
		**GIFTIG ODER SEHR GIFTIG:** Das Produkt ist lebensgefährlich • Es wirkt auch in niedrigen Dosen toxisch	Schutzausrüstung tragen • Jeglichen Kontakt vermeiden (Verschlucken, Hautkontakt, Einatmen) • Bei Hautkontakt gründlich mit viel Wasser und Seife waschen
		**KORROSIV:** Das Produkt kann bei Kontakt zu Verätzungen der Haut und schweren Augenschäden führen	Jeglichen Kontakt mit Augen und Haut vermeiden, nicht einatmen
		**SEHR GESUNDHEITSSCHÄDLICH:** Das Produkt kann Krebs verursachen • Kann genetische Defekte verursachen • Kann die Fruchtbarkeit beeinträchtigen oder das Kind im Mutterleib schädigen • Kann die Funktion einiger Organe beeinträchtigen • Kann bei Verschlucken und Eindringen in die Atemwege tödlich sein • Es kann Atembeschwerden oder Allergien der Atemwege verursachen (z. B. Asthma)	Schutzausrüstung tragen • Vor Gebrauch alle Sicherheitshinweise lesen • Jeglichen Kontakt mit dem Produkt vermeiden • Nach Gebrauch alle exponierten Hautstellen gründlich waschen

Wichtige Notruf-Nummern

▶ **Mit dem Mobiltelefon**

112: Einheitliche Notrufnummer im gesamten europäischen Gebiet, empfohlen im Inland sowie auf Auslandsreisen.

▶ **Aus dem Festnetz**

112: Notarzt und Feuerwehr erreichen Sie gebührenfrei über die Notrufnummer 112

Österreich

114: Die Notrufnummer für Rettungseinsätze

+431 (0) 406 43 43: Vergiftungsnotruf

Schweiz

144 oder 112: Den Rettungsdienst erreichen Sie über beide Nummern

+41 (0) 44 251 51 51: Vergiftungsnotruf

▶ **Giftnotrufzentralen und Toxikovigilanz**

Die neun Giftinformationszentren (GIZ) der deutschen Bundesländer sind überwiegend an Universitätskliniken angesiedelt. Sie dienen als toxikologische Informationsdienste (Giftnotrufe) und sind 24 Stunden an 7 Tagen die Woche erreichbar.

Deutschland

Berlin · Giftnotruf der Charité (BE, BB)
Tel.: 030/19240, *mail@giftnotruf.de*
Göttingen · GIZ-Nord der Länder HB, HH, NI, SH
Tel.: 0551/19 240, *giznord@giz-nord.de*
Bonn · Informationszentrale gegen Vergiftungen (NRW) Tel.: 0228/19240, *gizbn@ukb.uni-bonn.de*
Homburg · Informations- und Beratungszentrum für Vergiftungsfälle (SL) Tel.: 06841/19240, *giftberatung@uniklinikum-saarland.de*
Erfurt · GIZ der Länder MV, SN, ST, TH
Tel.: 0361/730 730, *ggiz@ggiz-erfurt.de*
Mainz · GIZ der Länder RP, HE
Tel.: 06131/19240, *mail@giftinfo.uni-mainz.de*
Freiburg · Vergiftungs-Informations-Zentrale (BW) Tel.: 0761/19240, *giftinfo@uniklinik-freiburg.de*
München · Giftnotruf München (BY)
Tel.: 089/19240, *tox@lrz.tu-muenchen.de*

Österreich

Wien · Vergiftungsinformationszentrale
Tel.: 0043 (0)1/4064343, *viz@meduniwien.ac.at*

Schweiz

Zürich · Schweizerisches Toxikologisches Informationszentrum
Tel.: 0041 (0)44/2515151, *info@toxi.ch*

Hier erfahren Sie mehr: Bundesamt für Verbraucherschutz und Lebensmittelsicherheit *http://www.bvl.bund.de/DE/Home/homepage_node.html*

Stand: Oktober 2015

SACHREGISTER

Sich vor Insekten schützen

Was tun bei einem Stich oder Biss?

▸ Quellen

www.consoglobe.com · www.toutpratique.com · www.neem.fr · http://fr.wikihow.com · http://vitagate.ch/fr/ · www.comment-economiser.fr · http://maison.toutcomment.com · www.grands-meres.net · www.trucsdegrandmere.com · http://www.substitution-cmr.fr

▸ Danksagung

Ein großes Dankeschön an Sylvie F-F und Francoise F. für das unermüdliche Korrekturlesen. Und an meine kleine Familie.

▸ Bildnachweis

fotolia / Amili; fotolia / artspace; fotolia / asmakar; fotolia / canicula; fotolia / J_ka; fotolia / kytalpa; fotolia / macrovector; fotolia / makar; fotolia / nikiteev; fotolia / Perysty; fotolia / pim; fotolia / Rabe; fotolia / theblackrhino; fotolia / tsaplia; fotolia / victoria_novak; Sylvain Kaslin.

Die französische Originalausgabe erschien unter dem Titel „Lutter contre les insects"
© 2015 Éditions Massin – Société d'Information et de Créations (www.massin.fr)
Direktor der Edition: Thierry Lamarre
Edition: Adeline Lobut
Texte: Isabelle Louet
Korrektorat: Isabelle Misery
Lektorat: Either Studio (Laurie Montaz)
Konzeption, Grafik und Satz: Either Studio

Deutsche Ausgabe
Produktmanagement: Mariel Marohn, Lara Schaufler
Übersetzung: Julia Nunes
Lektorat: Stephanie Iber
Satz: Claudia Adam Graphik Design, Darmstadt
Druck und Bindung: GPS Group GmbH, Österreich

Materialangaben und Arbeitshinweise in diesem Buch wurden von den AutorInnen und den Mitarbeitern des Verlags sorgfältig geprüft. Eine Garantie wird jedoch nicht übernommen. AutorInnen und Verlag können für eventuell auftretende Fehler oder Schäden nicht haftbar gemacht werden. Das Werk und die darin gezeigten Modelle sind urheberrechtlich geschützt. Die Vervielfältigung und Verbreitung ist, außer für private, nicht kommerzielle Zwecke, untersagt und wird zivil- und strafrechtlich verfolgt. Dies gilt insbesondere für eine Verbreitung des Werkes durch Fotokopien, Film, Funk und Fernsehen, elektronische Medien und Internet sowie für eine gewerbliche Nutzung der gezeigten Modelle. Bei Verwendung im Unterricht und in Kursen ist auf dieses Buch hinzuweisen.

© 2016 frechverlag GmbH, Turbinenstr. 7, 70499 Stuttgart
ISBN 978-3-7724-7648-8
Best.-Nr. 7648